由井薗健の

「深い学び」をつくる
をつくる
社会科授業

3年

由井薗健 著
筑波大学附属小学校

東洋館出版社

まえがき

　今，私たち教師は，子どもたち一人ひとりに資質・能力を育成するために「主体的・対話的で深い学び」（いわゆるアクティブ・ラーニング）を視点に授業改善に取り組んでいる。「深い学び」について，中央教育審議会委員を4期務め，学習指導要領の「キーパーソン」と言われている安彦忠彦氏（名古屋大学名誉教授）は，「その子にとって意味のある，価値のあることとしての深さ，つまりその子の〈学びがい〉に届くような質のものになることが望ましい」と述べている。

　学習指導要領の社会科の目標である「平和で民主的な国家及び社会の形成者に必要な公民としての資質・能力」の育成を目指し，目の前の子どもたち一人ひとりに「深い学び」を実現させること。これは，決して容易なことではない。しかし，この子にとっての「深い学び」を具現化するために，「深い学び」とは何かを考え，教材研究に励み，指導技術を磨き，この子の学びを捉えようと日々ねばり強く実践に取り組む教師の営みは，子どもたちだけでなく，「教師としての資質・能力」も育成することにつながっていくということを，私はこれまでの拙い経験から実感している。

　本書は，社会科における「深い学び」の姿，それを具現化するための手立てや教師の構え，さらに，3年生の学習指導要領の内容を網羅した五つの単元について，「深い学び」を生み出す単元構想や，実際の子どもの姿を紹介する。日々，目の前の子どもたち一人ひとりと向き合い，一人ひとりの育ちを願う教師の皆様の社会科の授業づくりの一助となれば幸いである。

　最後に，本書をまとめるにあたって，その主旨をご理解いただき，何かと筆の遅い私を最後まで支えていただいた編集担当の大場亨様に心から感謝いたします。ありがとうございました。

2019年6月　　　　　　　　　　　　　　　　　　　　由井薗　健

1

目　次

I章

社会科授業と「深い学び」

1

３年生で育てたい
社会科の「深い学び」の姿

1　「学び」とは何か

> 　（前略）私も，2020年の東京オリンピックのための町の再開発で，引っこしをしました。
>
> 　ずっと住んでいた所をはなれるのは，すこしさびしかったけど，オリンピックを楽しみにする気もちもあります。たくさんの人がオリンピックを楽しみにしていて，世界中の人が東京に来て，東京全体がもりあがると思います。のり漁師さんたちも，ほかの人のことや東京全体のことを考えて，なっとくした人もいたのかもしれません。1964年の東京オリンピックで，１兆円のお金が動いたといわれているそうです。（経済効果というそうです。）新しいビルができたり，仕事がふえたりして，よろこんだ人がたくさんいます。
>
> 　だから，自分はなっとくできなくても，社会のことを考えたら，なっとくしなくちゃいけないのかなあと思いました。
>
> （下線筆者）

　「市の様子の移り変わり」（Ⅱ章5「大森海苔のふるさと館」参照）の学習で，1964年の東京五輪によって東京湾の埋め立てが進んだという事実をもとに，「自分が大森ののり漁師だったらうめたてになっとくできるか？」という「自分たちの問題」（学習問題）について話し合ったときのＡ子の振り返りである。

　「なっとくできる」子が，オリンピックの恩恵や埋め立てを進める東京都による補償金の用意，新しい仕事の斡旋などの事実を根拠に発言する。

　すると，「なっとくできない」というある子が，「江戸時代から日本一の海苔
場を 300 年間も守ってきたんだよ。ここで海苔漁師をやめたら 11 代のバトン
を落としてしまうことになる。もしリレーで自分がバトンを落としたら……」
と発言した。

　計画では「江戸時代から 300 年続いてきた」という事実だけを板書するつ
もりであった。しかし，思いがけない発言にとまどいながらも「11 代のバト
ン」と書き加えた。する
と，運動会での全員リレ
ーの経験が重なったのか，
板書を指しながら「確か
に」「すごくよくわかる」
と「つぶやき」が広がっ
っていった。さらに，「ご

7

先祖様に申し訳ない」「海苔漁師をやめるときにはすごいプレッシャーがあったんだね」とねらいの一つであった「当時の海苔漁師の複雑な気持ちを考えること」に，より迫ることができたのである。

　このような授業を通して，A子は，「名札マグネット」（Ⅱ章4のコラム参照）を「ど真ん中」に動かし，先のような振り返りを書くこととなった。A子の「自分ならでは」の考えは，「なっとくできない」と「なっとくしなくちゃいけない」との間を揺れ動くこととなってしまったのである。

　そもそも「学び」とは何なのだろうか。

　「学習」と何が違うのか。

　一般に，「単元や単位時間において，ある特定の知識・技能などの内容の習得を目的として，教師による意図的・計画的な指導のもとに行われる活動」を「学習」と呼ぶ。学校教育は，基本的にこのような「学習」を通して，子どもたちに実施される。したがって，「学習」は，学校教育の本質的な活動である。

　一方，「学び」とは，「〈材〉やテーマとの関わりを通じて自分の〈生き方〉が問われて，その確立や再構築が遂げられる活動」とも言われている（藤井，2017）。私は，社会科における「学び」の姿を次のように捉えている。

社会科における「学び」

　子どもたち一人ひとりが，教師の意図的・計画的な指導のもとに行われる「学習」をもとにしつつ，「現実の社会」（生活）と深く関わることによって，思いや願いを「発露（はつろ）」し，自分の「生き方」を問うこと

　先のA子の振り返りからは，社会科の「学習」を通して，A子の中に「学び」が生み出された瞬間を見てとれないだろうか。

　大森の海苔漁師は，先の東京五輪のために漁業権放棄を迫られ，転職を余儀なくされた。「私のことみたいだなぁ」と思ったA子も，東京2020オリンピック・パラリンピックによる再開発のため引っ越しを余儀なくされた。

　そのような大森の海苔漁師と自分自身の境遇を重ねながら，A子の考えは

揺れ動いている。そして，「自分はなっとくできなくても，社会のことを考えたら，なっとくしなくちゃいけないのかなあ」と，自分の「生き方」を問うことになったのである。

（225）
円のお金が動いたといわれているそうです。（経済効果というそうです。）新しいビルができたり、仕事がふえたりして、よろこんだ人がたくさんいます。だから、自分はなっとくできなくても、社会のことを考えたら、なっとくしなくちゃいけないのかなあと思いました。

　A子は，その後も，「なっとくできない」ことと「なっとくしなくちゃいけない」こととの間を揺れ動きながら，「現実の社会」で「このような立場に立たされる」こと，つまり，「大多数の人たちの〈利益〉のために，少数の人たちが〈犠牲〉にならざるを得ない」ということについて，「どうすればよいのか」ねばり強く問い続けていった。

　自分の「生き方」を問うということは，「学習」と異なり，ある意味で正解がなく，終わりがない。

　子どもたち一人ひとりに，このような「学び」を生み出すような社会科授業を日々，目指していきたい。A子の例のように「学習」を個別・具体的な「学び」に発展させなければ，「学習」によって習得された知識・技能などが，いわゆる「学校知」にとどまってしまう。それでは，社会科の究極の目標である「平和で民主的な国家及び社会の形成者に必要な公民としての資質・能力」も育成することができないのではないか。

2　学習指導要領における「深い学び」

　現在，学校現場では「主体的・対話的で深い学び」（いわゆるアクティブ・ラーニング）の実現に向けた授業改善が盛んに唱導されている。しかし，実際の授業では，本時の「めあて」（学習問題）を早急につくり，話し合ってその内容を整然と「まとめ」る（解決する）ような，いわゆる「めあて→まとめ授業」も少なくはない。

「主体的・対話的で深い学び」は，授業改善の視点として「主体的」「対話的」「深い」のそれぞれに見いだすことができるが，これらの三つが互いに結び付いて，授業がよりよいものになっていくということ，さらに，子どもたちの主体性や対話を通して，最終的には，子どもたち一人ひとりの個別・具体的な「学び」を目指すものであるということに留意する必要がある。

　「めあて→まとめ授業」では，教師にとって都合のよい一部の子の発言しか取り上げられないという傾向も指摘されている（藤井，2017）。このような授業では，「学習」にとどまってしまい，唱導されている「主体的・対話的で深い学び」とは，かけ離れたものになってしまう。つまり，どれだけ，「主体的・対話的」であっても，そこに「深い学び」がなければ，授業がよりよいものにはならないということである（澤井，2018）。

　「深い学び」については，「小学校学習指導要領解説　総則編」（以下「総則」）の「第3節　教育課程の実施と学習評価　(1) 主体的・対話的で深い学びの実現に向けた授業改善」には，次のように述べられている。

　（前略）単元や題材など内容や時間のまとまりを見通しながら，児童の主体的・対話的で深い学びの実現に向けた授業改善を行うこと。

　特に，各教科等において身に付けた知識及び技能を活用したり，思考力，判断力，表現力等や学びに向かう力，人間性等を発揮させたりして，学習の対象となる物事を捉え思考することにより，各教科等の特質に応じた物事を捉える視点や考え方（以下「見方・考え方」という。）が鍛えられていくことに留意し，児童が各教科等の特質に応じた見方・考え方を働かせながら，<u>知識を相互に関連付けてより深く理解</u>したり，情報を精査して考えを形成したり，<u>問題を見いだして解決策を考え</u>たり，思いや考えを基に創造したりすることに向かう過程を重視した学習の充実を図ること。

（下線筆者）

　これらの記述は，各教科等を見渡して書かれているため，多様な方向が描か

れているが，それぞれの教科等の目標を見ていくことにより，それぞれの教科等で重視すべき事項が見えてくる。つまり，「深い学び」の要素は，各教科等の目標に位置付けられているのであり，「深い学び」とは，各教科等の「見方・考え方」を働かせながら，各教科等の目標を実現するための「学び」であると言うことができる（澤井，2018）。

社会科では，「知識を相互に関連付けてより深く理解すること」や「問題を見いだして解決策を考えること」の部分が深く関わっており，目標にも位置付いている。以下，「小学校学習指導要領解説　社会編」（以下，「解説」）より，社会科の教科の目標と第3学年の目標を記す。

教科の目標並びに各学年の目標は，総括的な目標としての「柱書」と三つの柱で整理した資質・能力に関する目標の形式で示されている。資質・能力の三つの柱とは，⑴知識及び技能，⑵思考力，判断力，表現力等，⑶学びに向かう力，人間性等である。

社会科の「教科の目標」と「第3学年の目標」

　社会的な見方・考え方を働かせ，課題を追究したり解決したりする活動を通して，グローバル化する国際社会に主体的に生きる平和で民主的な国家及び社会の形成者に必要な公民としての資質・能力の基礎を次のとおり育成することを目指す。（「教科の目標」：以下「教科」）

　社会的事象の見方・考え方を働かせ，学習の問題を追究・解決する活動を通して，次のとおり資質・能力を育成することを目指す。（「第3学年の目標」：以下「3年」）

⑴　地域や我が国の国土の地理的環境，現代社会の仕組みや働き，地域や我が国の歴史や伝統と文化を通して社会生活について理解するとともに，様々な資料や調査活動を通して情報を適切に調べまとめる技能を身に付けるようにする。（「教科」）

⑴　身近な地域や市区町村の地理的環境，地域の安全を守るための諸活動や地域の産業と消費生活の様子，地域の様子の移り変わりについて，

人々の生活との関連を踏まえて理解するとともに，調査活動，地図帳や各種の具体的資料を通して，必要な情報を調べまとめる技能を身に付けるようにする。(「3年」)

(2)　社会的事象の特色や相互の関連，意味を多角的に考えたり，社会に見られる課題を把握して，その解決に向けて社会への関わり方を選択・判断したりする力，考えたことや選択・判断したことを適切に表現する力を養う。(「教科」)

(2)　社会的事象の特色や相互の関連，意味を考える力，社会に見られる課題を把握して，その解決に向けて社会への関わり方を選択・判断する力，考えたことや選択・判断したことを表現する力を養う。(「3年」)

(3)　社会的事象について，よりよい社会を考え主体的に問題解決しようとする態度を養うとともに，多角的な思考や理解を通して，地域社会に対する誇りと愛情，地域社会の一員としての自覚，我が国の国土と歴史に対する愛情，我が国の将来を担う国民としての自覚，世界の国々の人々と共に生きていくことの大切さについての自覚などを養う。(「教科」)

(3)　社会的事象について，主体的に学習の問題を解決しようとする態度や，よりよい社会を考え学習したことを社会生活に生かそうとする態度を養うとともに，思考や理解を通して，地域社会に対する誇りと愛情，地域社会の一員としての自覚を養う。(「3年」)

　先ほどの「総則」で「深い学び」について述べられている「知識を相互に関連付けてより深く理解」すること（下線部分）については，「解説」の社会科の目標(1)で「地域や我が国の国土の地理的環境，現代社会の仕組みや働き，地域や我が国の歴史や伝統と文化を通して社会生活について理解する」という大きな方向が描かれ（各学年の目標では具体的な学習内容が記されている），調べ得た情報（具体的な事実）を結び付けて「概念等に関わる知識」を獲得することが大切であると解説されている。

　授業を通して子どもたちに身に付けさせたい知識は，単なる事実の羅列では

なく，一人ひとりが「生きて働く知識」，「その子が後々にも使える知識」にしていく（その子の〈概念等に関わる知識〉を形成する）ことが求められているのである。そのためには，「社会的な見方・考え方」を子どもたち一人ひとりが働かせながら，社会的事象を捉え，その特色や意味を考えたり，社会への関わり方を選択・判断したりすることが必要である。

　「解説」では，この「見方・考え方」を「社会的事象を，位置や空間的な広がり，時期や時間の経過，事象や人々の相互関係に着目して捉え，比較・分類したり，総合したり，地域の人々や国民生活と関連付けること」と整理している。この「見方・考え方」は，特に「知識を相互に関連付けてより深く理解」することにつながるものである。

　また，「問題を見いだして解決策を考え」ること（下線部分）については，これまでも社会科では「問題解決的な学習」を重視してきており，目標(3)に規定された「よりよい社会を考え主体的に問題解決しようとする態度」を養う学びと捉えることもできる。

　さらに，目標(2)に「社会に見られる課題を把握して，その解決に向けて社会への関わり方を選択・判断したりする力」の育成が示されている。これまで実社会の課題は小学生の子どもたちには難しいものと捉え，積極的に扱ってこなかった。今回の改訂では，「社会に開かれた教育課程」や「社会との関わりを意識して課題を追究したり解決したりする学習活動の充実」が求められたことを踏まえて，「解説」において改善が図られた事項である。

　これらの目標の実現に向けて，子どもたちが「学習」したことをもとにして，自分たちと「現実の社会」への関わりに目を向け，自分たちに協力できることやこれからの「よりよい社会」の在り方などについて，子どもたち一人ひとりが考えることができるよう指導を工夫することが求められている。そこで，私は，社会科における「深い学び」の姿を次のように捉えた。

社会科における「深い学び」

　知識を相互に関連付けて深く理解したり，問題を見いだして解決策を考

13

えたりするなど，学習指導要領の社会科の目標を実現するために，子ども
たち一人ひとりが「現実の社会」（生活）と深く関わることによって，思
いや願いを「発露（はつろ）」し，自分の「生き方」を問うこと

　3年生の社会科は，「地域学習」である。教室を飛び出して，地域の「人・
もの・こと」と直接たっぷりとふれ合うことのできる「現場・現物主義」の「学
習」である。「身近なまち」や「スーパー」，「牧場」，「消防署」，そして「資料
館」などに実際に見学に行って，見たり，聞いたり，触れたり，質問をしたり
して人々の工夫や苦労を理解し，地域のよさや課題について考える。

　このような「地域学習」を通して，子どもたち一人ひとりの地域を見る眼を
養い，「地域社会に対する誇りと愛情」を育んでいく。そして，この「地域社
会に対する誇りと愛情」が，やがて「国土への愛情」や「日本の歴史や伝統を
尊重し，国を愛する心情」に広がり，世界の国々の人々との共生に気付いて
いく。「地域社会に対する誇りと愛情」は，グローバル社会の中で生き抜く「平
和で民主的な国家及び社会の形成者」としてのベースをつくることにつながっ
ていくのである。

3　みんなが幸せになるために「どうすればよいのか」問い続ける姿を目指す

　社会科が発足して70年以上が経った。

　戦後，「問題解決学習」による確かな社会認識のもと，主体的に「よりよい
社会」を形成していく子どもを目指した社会科は，「一人前の選挙民（主権者）」
を育てる教科とも言われてきた（柳田・和歌森，1953）。

　ただ，「現実の社会」は，原子力発電所や基地をめぐる問題，領土問題，外
国人労働者の問題，地球規模に広がる環境問題など重大な問題に揺れ動かされ
ている。そして，これらの根底には，まだあまりにも多くの偏見や矛盾がある。

　私は，これらの偏見をなくし，矛盾を積極的に解決していく子どもを育んで
いかなくてはならないと思う。社会変革の主体として，「よりよい社会」を形
成していこうとする「一人前の選挙民（主権者）」を育みたいと願う。「よりよ

い社会」とは，地域間の公平，世代間の公平，男女間の平等，貧困撲滅，環境の保全と回復などが多面的に考慮される「公正」で「平和」な社会である。それは，現在の世代のニーズを満たしながら，将来の世代のニーズも満たそうとする社会である。

　自分も幸せ，みんなも，将来も幸せ，誰もが幸せな「よりよい社会」をつくるために，様々な立場に立って，安易に白黒つけず「どうすればよいのか」ねばり強く問い続けていく。このような「学び」が，今ほど子どもたち一人ひとりに求められているときはないのではないか。

　先ほどの A 子のように，「なっとくできない」ことと「なっとくしなくちゃいけない」こととの間を揺れ動きながら，「大多数の人たちの〈利益〉のために，少数の人たちが〈犠牲〉にならざるを得ないのか」，つまり，みんなが幸せになるために「どうすればよいのか」自分の「生き方」を問い続けていく「学び」。「学習」の枠をはみ出し，「深く深く」問い続けていく「学び」である。私が目指したい「より深い学び」は，次のような姿である。

社会科において目指したい「より深い学び」

　子どもたち一人ひとりが「現実の社会」（生活）と深く関わり，問題解

> 決的な学習による確かな社会認識のもと，みんなが幸せになるために「ど
> うすればよいのか」自分の「生き方」を問い続けること

　このような「学び」の姿は，学習指導要領の社会科の目標である「平和で民主的な国家及び社会の形成者に必要な公民としての資質・能力」の育成と合致するものだと考える。

　「よりよい社会」を形成するために，多角的にねばり強く自分の「生き方」を問い続ける「一人前の選挙民」を育むためには，子どもたち一人ひとりに「深い学び」を生み出す授業実践を一歩一歩積み重ね，具現化していかなくてはならない。

　では，「深い学び」を具現化するためには，どのような授業づくりが求められるのだろうか。

COLUMN

あたたかな雰囲気

『だるまやひな人形だけでなくゲーム機の名産地があるんだけど……』

「ビックリ名産地」（Ⅱ章2のコラム参照）の一コマである。千葉県の木更津には「ゲーム機」の名産地がある。それを子どもたちが地図帳のページを片っ端からめくり，探している。すると，「あった！」と地図好きなA男が叫んだ。ここで彼を指名し，A男が「千葉県，38ページのカ丁目の5番地」とその場所をみんなに教えてしまったらどうなるだろうか。「ゲーム機」の名産地を一生懸命探している子どもたちがまだたくさんいる。その子たちの地図帳に慣れ親しむ機会，何より名産地を探す楽しさを奪ってしまうことになる。

しかし，ここでA男を指名しなかったらどうなるだろうか。せっかく頑張って探したのに教師にもまわりの子にも評価されずやり過ごされてしまうのである。このようなことがもし何度も繰り返されるようだったら，A男の授業への参加意欲も奪いかねない。

このようなとき，私は『見つけた場所のヒントを出してよ』と問い返す。するとA男は「東京湾」というヒントを出した。しばらくすると何人かの子が「見つけた！」という歓声をあげた。しかし，まだ探している子ももちろんいる。そこで，また第2ヒント，第3ヒントを言わせるのである。「千葉県」「館山自動車道」……。すると，次々と「あったー！」「本当だ！」と歓声があがり，ほとんどの子が「ゲーム機」の名産地を見つけた頃，やっと見つけることができたB子を指名し，その場所を答えてもらう。このとき，B子に「どの子のヒントが役に立ったか」も教えてもらうとよい。「東京湾と聞いて海沿いにある工場かなって思った」というB子の発言にA男もにっこりである。早く見つけた子が，ヒントを出すことによって「学級の仲間の役に立ちたい」という気持ちを生み出していくのである。

『さて，今日のラッキー県を教えてほしいんだけどな……』。「国取りゲーム」

を行ったときのことである。このゲームのルールは，番号をふった日本の白地図に，ジャンケンをして勝てば番号順にその都道府県の形をふちどり色を塗る（国を取る）というごく簡単なものなのだが，子どもたちにとても歓迎される。あらかじめ，「今日のラッキー県」を設定し，そこにたどり着くとそこから三つ進める（色を塗れる）というルールもある。

　そこで，ゲームを始める前に，何人かの子に「今日のラッキー県」を教えてもらう。「東京都」「長野県」「埼玉県」……，そしてC男が「神奈川県」と発言したとき，『ストップ，なんで神奈川県なの？』と問い返す。すると，「えっ，だって中華街に行って小籠包を食べたいから！」との発言に「C男は食いしんぼうだもんね～」と一同大爆笑。すると，C男が照れながらD子を指名した。

　D子が「私は大阪府だな。だってね……」と発言しかけたところで，『ストップ！　D子はどうして大阪府にしたんだと思う？』と教師がみんなに問い返す。「たこ焼きが好きだから？」「USJがあるから？」「大阪におじいちゃんたちが住んでいるから？」「近い！」「ひょっとして大阪で産まれたの？」「正解。私が大阪で産まれたからです！」「えーっ！」「D子なまりないじゃん！」「知らなかった！」……。C男やD子など，その子の「自分ならでは」のものが素直に「発露」され，仲間に受けとめられていく。このとき，C男やD子に限らず，どの子もとてもうれしそうな顔をしている。

　以上のような「今日のラッキー県」を選んだ理由について，学級の仲間がその子のことを思い，あれこれ考え，話し合うことは一見無駄なようにも見えるだろう。しかし，このような「あたたかな雰囲気」の中で，実はラッキー県についての雑多な知識が学級全員に「共有化」されているのである。そして何より，「自分ならでは」のものを互いに認め合うことを通して，「話し合いを支え合う重要な他者」である学級一人ひとりへの理解も深めていくのである。

　子どもたち一人ひとりの「学び」を深める「土台」となる「あたたかな雰囲気」。素直に「自分ならでは」の考えを仲間同士「発露」し合うこのような雰囲気は，このようなやりとりの中で育まれていくのではないだろうか。

2

社会科の「深い学び」を
具現化するために

1 「概念等に関わる知識を問う学習問題」を「自分たちの問題」に

　「深い学び」を生み出す授業を具現化するためには，「教師の意図的な授業設計」が必要不可欠である。私は，特に「学習問題の構成とその成立の過程」が大変重要であると考えている。

　「解説」の「改訂の趣旨」では，「深い学び」を実現するために，「主として用語・語句などを含めた個別の事実等に関する知識のみならず，主として社会的事象等の特色や意味，理論などを含めた社会の中で汎用的に使うことのできる概念等に関わる知識を獲得するように学習を設計することが求められる」(下線筆者) と記されている。

「どのように？」　⇒　⇒

事実的知識を問う
「事実的知識を問う学習問題」

「深い学び」

「なぜ？」　　「どちらがよいのか？」
　　　　　　「どうすればよいのか？」

概念的知識を問う　　価値判断的知識を問う
「概念等に関わる知識を問う学習問題」

「社会的な見方・考え方」を働かせて
社会的事象を，位置や空間的な広がり，時期や時間の経過、
事象や人々の相互関係に着目して捉え，比較・分類したり，総合したり，
地域の人々や国民生活と関連付けること

「概念等に関わる知識を獲得する」ためには，「事実的知識」を問う「どのように？」という学習問題ではなく，「概念的知識」を問う「なぜ？」や「価値判断的知識」を問う「どちらがよいのか？」「どうすればよいのか？」といった学習問題の成立が必要不可欠である（澤井・加藤，2017）。

　「深い学び」は，このような「概念等に関わる知識を問う学習問題」を，「自分たちの問題」として子どもたち自身が見いだし，調べたり話し合ったりすることを通して，「社会的な見方・考え方」を働かせながら「概念等に関わる知識」（概念的知識・価値判断的知識）を「獲得」することによって具現化される。

▎**2** 「事実とのインパクトのある出会い」から

　ただ，「概念等に関わる知識を問う学習問題」を子どもたち自身が見いだし，「自分たちの問題」として成立させることは，決して容易なことではない。

　具体的な事実（社会的事象）と出会った子どもたちに「なんとしても調べたい，考えたい！」という意欲を喚起させなくてはならない。しかも，それは単なる「思いつき」や「疑問」ではなく，あくまでも単元目標へと導く「学習問題」にしていかなくてはならない。

「事実とのインパクトのある出会い」を「演出」（資料提示や発問の工夫）

① 「えっ，そんなに？」　数量に対する驚きを呼び起こす事実との出会いから

② 「おかしいよ！」　これまでの経験をくつがえす事実との出会いから

③ 「ひどい！」　怒りなどの心情に訴える事実との出会いから

④ 「私はこっちの立場なんだけど……」　価値観の対立を引き起こす事実との出会いから

　そこで，子どもたちから「えっ，そんなに？」「おかしいよ！」「ひどい！」「私はこっちの立場なんだけど……」という声がわき出るような「事実とのインパクトのある出会い」を「演出」（資料提示や発問の工夫）することにより，「概

念等に関わる知識を問う学習問題」を子どもたち自らが見いだし、「自分たち
の問題」として追究できるようにするのである。

⑴　「えっ，そんなに？」（数量に対する驚きを呼び起こす事実との出会いから）

　「地域に見られる販売の様子」（Ⅱ章2「スーパーサントクのひみつ」参照）の授業場面。家庭での買い物の場面を想起し，どこで何を買っているのかについて話し合った後，クラス全員で1週間の買い物調べを行うことになった。「買い物に行った店」と「そこで買った商品」，「気づいたこと・思ったこと」を記入する調査用紙を子どもたち一人ひとりに配付するとともに，保護者にもその調査の趣旨を伝え，協力を呼びかけた。

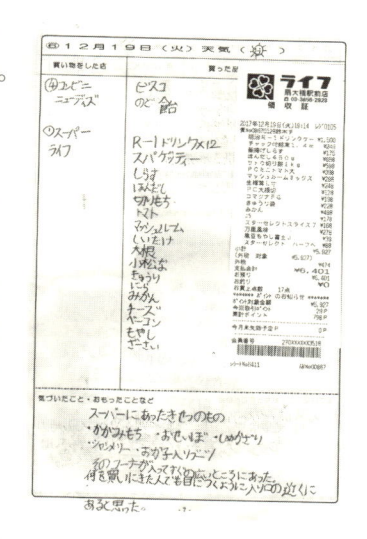

　1週間後，提出してもらった調査用紙を，教師が「買った品物の数」を「スーパー」，「コンビニ」，パン屋，魚屋，肉屋などの「専門店」，「デパート」，「宅配」などといった項目別（項目は子どもたちとともに決めた）に集計し，その集計結果（「1部3年一週間の買い物調べ」）の発表から授業は始まった。

　「デパート26点」，「ドラッグストア80点」，「宅配97点」，「コンビニ99点」，「百均102点」，「専門店346点」……。発表ごとにどよめきの声が広がっていく。予想通りだったり，そうでなかったり……。自分たちで調査したからこその反応である。そして，いよいよ最後の項目である「スーパー」の集計結果を発表する前，一呼吸置いて，子どもたちに買った品物の数を予想させる。

　スーパーで買った品数が多いことは，一人ひとりの調査から，子どもたちはなんとなくわかっている。一桁の位から数字を板書し，じらしながら「スーパー1445点」という結果を提示した。

　とたん「えっ，そんなに？」と，子どもたちから驚きの声があがった。す

かさず『なんで〈えっ〉なの？』と突っ込む。すると，「だって，たしかにスーパーだとは思っていたけど……」，「そうそう。でも，いくらなんでもこんなに多いなんて……」という子どもたちの「つぶやき」が広がっていく。そこで，集計した「正の字」を提示する。子どもたちは再び「えっー！」と驚きの声をあげた。

　子どもたちは，各自で自分の家が一週間に買い物した品数を「正の字」を使って集計しているので，その数の多さに圧倒されるのである。「スーパーではたくさんの品物を買っている」という言葉だけのものを，具体的に感じたり，目に見えるようにしたりするこのような「演出」が大切である。

　「でも，なぜみんなスーパーでこんなに多くの買い物をするのだろう……」「家から決して近いわけじゃないのに……」。

　『つけたしはありますか』と問い，子どもたちの驚きや疑問の声を増幅させていく。「たしかに。安いだけじゃないよね……」「なんでスーパーでこんなに買い物をするんだろう」……。このようなやりとりを通して，**「なぜスーパーで買い物をすることが多いのか？」**という「自分たちの問題」が成立した。

　「業間」（授業と授業の「間」）の子どもたちの追究ぶりは目を見張るものだった。

　家の近くのスーパーに見学に行ってきた子，チラシを集めてきた子，保護者にインタビューしてきた子……。そこから，「品ぞろえ」，「値段」，「新鮮さ」，「便利さ」，「立地」などが，その理由なのではないかということになった。そして，「自分たちの問題」を解決するために，

学校の近くにあるスーパーにクラス全員で見学に行くことになったのである。

⑵　「おかしいよ！」（これまでの経験をくつがえす事実との出会いから）

　「地域の安全を守る働き」（Ⅱ章4「火事からまちを守る」参照）の授業場面。『もし学校の理科室が火事になってしまったら，消防車はどれくらいの時間でとう着できるのか？』予想をさせていた。

　「消火や救助だけでなく，着がえの訓練もしているよ。45秒で着がえていた！」「消防車の運転手さんは，一番早く到着する道順などをいつも調べているって言ってたよ！」など，消防士の方々が日頃から訓練している事実を既に知っていた子どもたちは，大塚消防出張所の消防士の方から「学校には，正門を通って5分以内で到着できるんです」という事実を知らされてもさほど驚かない。それは，「まちたんけん」のときに大塚消防出張所が学校から徒歩7分の場所にあること，そして何より大塚消防出張所を見学したときの経験もあったからであろう。

　そこで，今度は学校のある文京区全体の地図をもとに，「大塚消防出張所から遠く離れた文京区内のA男の家が，もし火事になったとしたら，どれくらいの時間で消防車が到着するのか？」についても予想させた。

　「15分」「20分」「いくら消防車が信号無視できても，それくらい時間がかかるよ」……。道のりから考えると妥当な予想が出てきたところで，『文京区のどこの場所が火事になっても，消防車は5分以内で到着するんだよ』という事実が伝えられる。「えーっ！」と驚く子どもたち。『本当です』との返答に「おかしいよ！」「そんなわけないじゃん！」「なんで？」（わいわいがやがや……）。子どもたちの「つぶやき」が一斉に広がる。『今，なぜって思っていることを言葉にしてみようよ』。

　このようなやりとりを通して，**「なぜ文京区のどこでも5分以内で消防車がとう着できるのか？」**という「自分たちの問題」が成立した。この問題を成立させるまでのやりとりは，長谷川康男氏（元筑波大学附属小学校教諭）の実践を参考にした。

　子どもたちは，もう一度「まち探検」のときの見学を想起し，消防士の方々

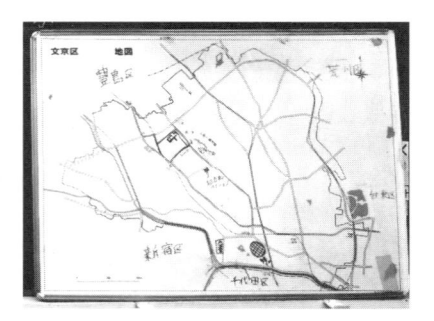

の仕事について「何か見落とした事実はないだろうか」と振り返った。

　また，教科書を参考にしながら「大塚消防出張所以外にも文京区内には，消防署があるんじゃないかな」「確かに。だって〈大塚消防出張所〉って名前だもん」「文京区内どこが火事になっても大丈夫なように，教科書のように消防署が散らばって建っているんじゃないかな」「他の区からも応援が来るみたいだよ」「消防車だけでなく救急車やパトカー，ガス会社まで来ているね」という事実を捉え，文京区の消防施設の分布を調べるとともに，消防署を中心とした関係機関の活動を関係図で表し，「自分たちの問題」を解決していった。

(3)　「ひどい！」（怒りなどの心情に訴える事実との出会いから）

　「市の様子の移り変わり」（Ⅱ章5「大森海苔のふるさと館」参照）の授業場面。江戸時代から昭和にかけて海苔養殖の一大生産地として栄えた大田区大森は，遠浅で波が穏やかであること，適度な潮の干満があること，多摩川が豊富な栄養分を運んでくることなどの条件も重なり，量，質ともに「のりづくり日本一」だった。

　子どもたちは，大森の元海苔漁師で，現在「大森海苔のふるさと館」でのりづくりを実際に教えている中村博さんに出会い，その「個人年表」を「物差し」にして，（A）かつて小学生だった頃，（B）海苔漁師だった頃，（C）現在，この三つの時期の生活の様子や大森のまちの様子，その移り変わりについて学習をすすめていった。

　（B）の中村さんが海苔漁師だった1960年頃の生活の様子について，「中村さんがのりづくりで一番大変だったことは何か？」という「自分たちの問題」

をもとに追究していったときのこと。調べた事実や，実際に「大森海苔のふるさと館」でのりづくりを教えてもらった体験を「根拠」に，「自分たちの問題」について話し合い，子どもたち一人ひとりの「自分ならでは」の考えは広がり，深まっていく。そのような中，頃合いを見はからって，中村さんへのインタビューを資料として配付した。

---

①　一番大変なことはね。「海苔切り」も「海苔つけ」も冬の寒い時に朝早くから，しかも海苔がいたんじゃうから「だんぼう」かけられないしな。七輪だけじゃ寒いんだ。だから，いろいろと大変なんだけど，一番っていったらやっぱり「海苔とり」だね。

②　だってさ。冬の一番寒い時に，ベカブネに乗ってさ。陸（おか）も寒いけど，海はもっともっと寒いんだよ。そんでもってよ。素手（すで）でないと海苔はとれないからね。おれは右手でとってたんだけど，左手は軍手してゴム手袋して海苔のついたあみをもちあげて。でも，ふしぎと左手の方が冷たいんだよな。右手は海の中なんだけど，いつもいつも手をひっしに動かしているからね。手が「あれて」大変だった。

③　だから，20歳の時から，大森のダンスホールに行って社交ダンス習っていたけど，手袋（てぶくろ）してないとね。ほら，女の人とおどるのに手が「あれて」いるとさ…。つらいよね。

④　でもさ，日本一の海苔をつくっているという「ほこり」が自分をささえたんだよな。だって，大森の海苔は「量（りょう）」も「質（しつ）」も日本一だからね。たくさんとれて，それでいておいしいの。だから，もうかる。

⑤　ただ…，昭和38（1963）年の春に，東京湾の港を大きくしたり，オリンピックでモノレールや高速道路つくったりで，海苔漁師をやめなきゃならなくなった時は，とほうにくれたよ。だってさ，海苔漁師をやめたら，おれらは『陸（おか）に上がったカッパ』だもんね。

　私は，このような「インタビュー資料」を配付するとき，子どもたちにそれ

ぞれ「気になるところ」にマーカーを引かせ，引いたところやその理由を交流し合うという活動を必ず行っている。このような活動を通して，資料をじっくりと「読み解く」ことができるからである。引いた理由が互いに共有されるだけでなく，内容の理解も深まる。さらに，子どもたち一人ひとりの「学び」につながるきっかけになることも少なくない。

　「私は〈海苔とり〉と言うところに引いた。一番大変だったのは〈海苔とり〉だったんだけど，いつも手が〈あれて〉いたら，痛いだけでなく，社交ダンスで女の人にいっしょに踊ってもらえないから，つらい思いもしたんだなと思った。だから，私は〈手袋〉というところにも線を引いたよ」「いや，僕は〈いろいろと大変なんだけど〉に引いた。だって，〈海苔とり〉だけじゃなくてみんなが考えた〈海苔つけ〉や〈海苔切り〉など，全部入っているじゃん。どの仕事もみんな大変だったんだよ」。

　『でも，そんな大変なこと，どうして中村さんは耐えられたんだろうね……？』「私は，日本一の海苔をつくっているという〈ほこり〉に線を引いたんだけど。だから，大変なことにも耐えられたんだと思うよ」「しかも，もうかったし！」。

　するとB男が，「僕は，みんなとちがって〈陸に上がったカッパ〉というところに引いた。カッパは水の中に住んでいて，水の中では元気なんだけど，水から出たら……，つまり，こんなに大変なのりづくりをがんばって，日本一の海苔をつくっていたのに……，海苔漁師をやめなくちゃならなくなったんだよ……」と語り始めた。

　B男の涙ながらの語りに，子どもたちの「情意」が揺さぶられ始める。

　『なんでやめなくちゃいけなくなったの？』「港を大きくしたりオリンピックでモノレールや高速道路をつくったりして，海苔をつくっていた漁場が，埋め立てられちゃう」「〈とほうにくれた〉って書いてある。辞書では，〈うまい方法がなくてこまりはてる〉って書いてある。どうしようって……」「中村さん，かわいそう」「ひどい！」「あんなに頑張ってきたのに……」。子どもたちの「つぶやき」が次々と広がっていく。

『でも，埋め立てられちゃったんでし
ょ。みんながこのときの大森の海苔漁
師さんだったら納得できる？」「いや！」
……（わいわいがやがや）……。

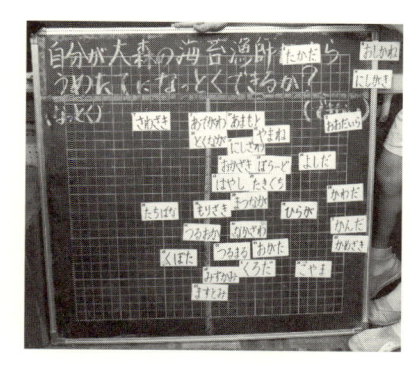

「インタビュー資料」を「読み解き」，
「自分たちの問題」であった「中村さん
がのりづくりで一番大変だったことは何
か？」を解決するとともに，「中村さん
の大森の海苔漁師としての誇り」や「漁業権を放棄したときの気持ち」につい
ても捉えていった子どもたち。

そして上述のように「情意」が揺さぶられることにより，**「自分が大森の海
苔漁師だったらうめたてになっとくできるか？」**という「自分たちの問題」が
成立したのである。

その後の子どもたちの追究の息は長く，本章1のA子のような「学び」を
生み出すことになった。

⑷　「私はこっちの立場なんだけど……」（価値観の対立を引き起こす事実との出会いから）

「地域に見られる生産の仕事」（Ⅱ章3「小泉牧場物語」参照）の授業場面。
東京23区唯一の牧場である「小泉牧場」に複数回，見学に行き，三代目であ
る小泉勝さんの仕事ぶりを見てきた子どもたちが，見学後の感想を出し合った

ときのこと。どの子どもも，勝さんの仕事上
の「大変さ（責任の重さ）」を発言した。

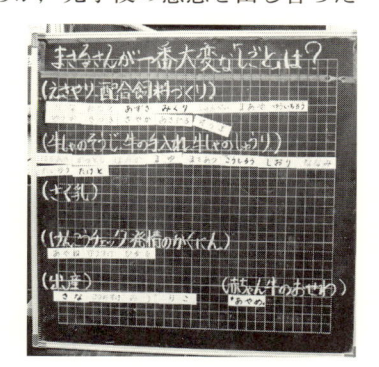

しかし，ある子は1日5回も行う「牛舎の
掃除，手入れ」，ある子は牛44頭すべて異な
るえさを用意する「えさやり，配合飼料づく
り」，ある子は「赤ちゃん牛のお世話」，ある
子はその危険性から「出産」だという。よく
聞いてみると，子どもたち一人ひとりが大変

だと思う仕事やその「根拠」(「具体的な事実」と「その子自身の価値観」)は,みな異なっている。

そこで,『勝さんが一番大変な〈しごと〉についてインタビューしてみたら何と答えるだろう?』と発問した。すると,Ｃ男が,「まだよくわからないこともあるから,ちゃんと調べて,みんなで話し合ってから勝さんにインタビューして聞きたい。そのために今の時点でのみんなの考えを知りたいから〈名札マグネット〉を貼ろうよ」と提言した。

前ページの写真のように「名札マグネット」によって一人ひとりの「自分ならでは」の考えが小黒板に可視化される。そのようなやりとりから,**「まさるさんが一番大変な『しごと』は?」**という「自分たちの問題」が成立した。

その後,子どもたちは,牛や酪農について書かれた絵本,そしてインターネットなどで具体的な事実を調べ,「小泉まさるさんの一日」という資料にその調べた事実を「肉付け」しながら,「自分ならでは」の考えをより確かなものにしていった。

そのような中で,Ｄ男がみんなと全く違う考えを発言した。「僕は小泉牧場の歴史を調べたんだけど,勝さんが一番大変な仕事は,〈23区で小泉牧場自体を続けること〉なんじゃないかな」……。この発言がもとになり,新たな「自分たちの問題」が成立することとなった。

3 「自分たちの問題」を追究する「間」を保障することで

　社会科授業の展開例として，「導入─展開─まとめ」が一時間の中できちんとおさえられなければならないという考え方が根強い。実際，このようなサイクルで授業がくり返されている場合が少なくない。ただ，私はこのサイクルに問題があると考えている。

　例えば，私たちが重い石を運んでいるとする。その石が動いている間はよいが，いったんその動きを止めてしまったら容易に動かないことや，それを再び動かすには相当のエネルギーを要することを私たちは知っている。授業でも同じことが言えるのではないか。

　問題を追究する際，連続して追究する意識が続いていればよいのだが，いったん安定してしまったら，なかなか次の追究に動き出すまで時間がかかり，動かすエネルギーは大きいものとなる。この指導過程では，動きだし（導入），加速がつき（展開），やがて止まってしまうのである（まとめ）。

　このように，教師がまとめてしまったら，子どもは安定してしまい，ねばり強く問題追究しようとする意欲を失ってしまう。それが，毎時間くり返されると，子どもたちは教師が問いかけてくることを待つ受け身の姿勢となり，主体的にねばり強く「自分ならでは」の考えを問い続けていこうとする姿勢を育むことも望めない。

　授業は，「問題の解決から始まり，新たな問題で終わる」べきである。子どもたちは，授業の出口と入口の間に，自ら調べたり考えたりすることを通して追究のエネルギーを蓄え，そのエネルギーが次時の授業に活力を与えていくのではないだろうか。

　そこで，みんなで具体的な事実をじっくりと見つめ，その過程で成立した「自分たちの問題」に対する解決への見通しをもたせたところで，あえ

て授業を終える。すると，子どもたち一人ひとりは，授業と授業の「間（ま）」を活かして，「自分たちの問題」について自ら調べ，「自分ならでは」の考えをつくり，ノートに綴るようになるのである。

　私は，社会科授業において課題の一つと言われている「話し合いが深まらない」ことの原因の一つに，教師があまりにも性急に話し合わせようとすることがあげられると考えている。

　ただ，単に物理的に時間を空けるというわけではない。問題を追究する「間」を保障するということは，一人ひとりが思い思いの方法で調べてきたことをもとに，ノートへの朱書きなどを通して，「業間」に行われる「独自学習」を充実させ，子どもたち一人ひとりの「自分ならでは」の考えを構築させるということである。そして，授業（「相互学習」）における話し合いで，「自分ならでは」の考えを広げたり深めたりさせるのである。

　そのために，子どもたち一人ひとりの「学び」をまるごと受けとめ，その「学び」を見とっていく必要がある。そして，一人ひとりの調べてきた具体的な事実を「子どもの手柄」として授業に位置付けたり，「自分ならでは」の考えを「発露（はつろ）」させたりすることを後押ししていくのである。

　「自分たちの問題」を追究する「間」を保障し，「独自学習」を充実させること，そして，その後の「相互学習」を通して，一人ひとりの「学び」を深めていきたい。

4 「人のいる風景」をじっくりと見つめる

　教師になって6年目，実践記録ではあるが，これまでの教育観を揺さぶられるような授業と出合った。昭和29（1954）年に富山県福岡町立大滝小学校で行われた「福岡駅」という小学校3年生の授業。実践者は谷川瑞子教諭である。

　本実践はまず，福岡駅へ見学に行くことになり，駅でどんな人が働いているかを予想し，話し合うことから始まる。「駅長」，「切符を売る人・切る人」，「信

号係」……と板書しているとき，一人の子が「先生，まだおるわ，地下タビは
いとるもんおるわ」と発言した。すると，「先生，地下タビはいとるもん，ど
かたやね。あいつ，おぞいもんやね」「わたしも見たことあるわ。革靴はいて
っさる人，えらいがやぜ」「ひげ，はえてっさる人，えらいがぜ」などの発言
が続き教室は騒然となった。「おぞい」とは，富山の方言で「みすぼらしい」
といった意味である。

　このとき，谷川教諭は，「地下タビはいている人も，立派な人間です。大事
な仕事をしているんです」という言葉をやっとの思いで呑み込み，「地下タビ
はいた人＝おぞい人」と板書する。「これがこの子らの現在の姿なのだ。人間
の価値を単なる服装などの見かけだけで判断している。こんな貧弱な人間観し
かもっていない子どもたちに，正しく社会を認識できる力を自分自身でつかま
せなければ」と考えた谷川教諭。その後の学習は「駅の見学調査」「駅の歴史
調査」「駅の利用による生活の変化の調査」と続き，その調査結果を踏まえて
の話し合いとなった。

　話し合いで谷川教諭が子どもたちに問いかける。「汽車を動かすのは誰でし
ょうか？」。さらに，「**この中で一番大切な人は誰でしょう？**」と。

　子どもたちは，口々に「あの係も大事や，この係も大事や。弱ったなあ」と
言い，やがて「みんな大事やわ，いらん人おらんわ」と発言する。そして，そ
の中に「地下タビをはいている人」も含まれていることに気付き，「おらっちゃ，
ダラなこと（バカなこと）言うとったね，チョロイ（頭が悪い）こと思っとっ
たもんや」「心で，偉い，おぞいが決まるもんやね」などと発言したという。

　私がこの実践から受けた衝撃はものすごかった。もちろん，あれから15年
経った今でも，である。「地下タビはいとるもん，おぞいもん，どかたやぜ」
という発言に対して，だまって板書をすることができただろうか。私だったら
発言したその子を，きっと叱責してしまったにちがいない。

　しかし，ここで教師が「地下タビをはいていたって大事な仕事をしているん
だ！」と言ってしまったら，子どもたちは，少なくとも口に出して「おぞい」
とは言わなくなるだろう。

子どもは大人の価値観の影響を受けて育つ。しかも，可塑性が大きい。だから，世の中に浸透している差別や偏見も常識として身に付けていく。先入観をもたないからこそ，どのような先入観も自分のものにしてしまう。

　先述（本章1）のように，私は偏見をなくし，矛盾を積極的に解決していく子どもを育みたい。しかし，このような教師の思いが強ければ強いほど，逆に教師の思いを「忖度（そんたく）」させてしまうということにもなりかねない。これでは，みんなが幸せになるために，多角的にねばり強く「自分ならでは」の考えを問い続ける「一人前の選挙民」を育むどころか逆の結果になってしまう。

　私は，子どもに偏見を憎むポーズを期待しているのではない。心の中ではやっぱり「おぞい」と思ってしまっているのであれば，意味がないのである。私は，自分から偏見を憎み，やがて，世の中の矛盾を解決していこうとする「主体的な判断とそれに基づく行動」こそを願うのである。

　谷川教諭は，駅の見学を通して，鉄道を安全に正確に運行するためには，運転士や駅員だけでなく，保線の仕事が非常に大事であり，その仕事をするために地下タビをはいているという事実を子どもたちに発見させた。「心で，偉い，おぞいが決まるもんやね」という発言は，実際に駅で働く人たちの仕事ぶりをじっくりと見つめたからこそ，「具体的な事実」をもとに得た「知識」と「その子自身の価値観」のもとである「情意」とが結び付き，発せられたものであろう。

　教師が子どもたちにこれだけは学んでほしいと願う知識・技能も，その子の感じ方，つまり，「その子自身の価値観」にくみこまれ，初めてその子に「血肉化」される。その「血肉化」の「触媒」の役割を果たすのが，「現実の社会」（社会的事象）を「人のいる風景」として，じっくりと見つめる時間を保障することなのではないだろうか。

　子どもたち一人ひとりの「深い学び」を具現化させるためには，まず，「社会とは，人間とはこうあるべきだ」という前提をとっぱらい，子どもたちに「思考の真空地帯」をつくらせないこと。

　そのためにも，教室を飛び出して，地域の「人・もの・こと」とたっぷりと

ふれ合い，「現実の社会」（社会的事象）を直視すること。

　だからこそ，「現実の社会」（社会的事象）を「人のいる風景」として，じっくりと見つめることを通して，子どもたち一人ひとりの中にある「知識」と「情意」の行き来を促し，「概念等に関わる知識を問う学習問題」（「なぜ？」「どちらがよいのか？」「どうすればよいのか？」）を「自分たちの問題」として子どもたちが自ら見いだし，ねばり強く追究できるようにすること。

　以上のようなことが大切だと考えるのである。

　「その子自身の価値観」のもとである「情意」とは，「小学生ならではの豊かな感受性や正義感」のことでもある。だからこそ，日々の授業において，ある一部の人たちや将来の人たちが不幸になる，犠牲になるといった「社会問題」や，そのような「社会問題」が起こる条件について，子どもたちの関心を高めていかなくてはならない。社会科は，問題解決的な学習を通して社会認識を深め，みんなが幸せになるために「どうすればよいのか」問い続けていく教科だからである。

　先述のごとく，現在の学校現場では，性急に学習問題をつくり，解決させるという「めあて→まとめ授業」も少なくはない。しかし，私は，「現実の社会」（社会的事象）を「人のいる風景」として，じっくりと見つめる時間を保障し

ていかないと，「概念等に関わる知識を問う」「自分たちの問題」を本当の意味で成立させることは難しいのではないかと考えている。

　以上，本章では，社会科における「深い学び」の姿や目指すべき姿，それを具現化するための手立てや教師の構えについて，私の考えを述べてきた。

　次章からは，3年生の学習指導要領の内容を網羅した五つの単元について，「〈概念等に関わる知識を問う〉〈自分たちの問題〉が成立する場面，そして，それを追究していく場面」，いわば「単元の山場」となる本時を中心に，単元構想や実際の様子などについて紹介していく。特に，本単元に見られる「深い学び」の姿については，具体的な子どもの姿を紹介することのみにとどめた。「深い学び」の具体的な姿とは何か。次章では，それを読者である教師の皆様にあえて委ねたいからである。

　教師一人ひとりが「主体的・対話的」にそれぞれの教育観をぶつけ合うことを通して，「深い学び」の具体的な姿について問い続けること。このこと自体が，「授業改善」の大きなベースになるのではないかと考えたからである。

　「深い学びが生まれる社会科授業」を具現化するためには，まず，教師自身が「現実の社会」や「社会問題」に対して問いをもち，子どもたちや同僚，社会で生きる様々な人たちと学び合いながら，問い続ける「生き方」を実践していかなければならないと思うのだが，いかがであろうか。

教材研究

　「いい材料は，みんなあっというまにひとにもっていかれてしまう。パッと見て，ひとに先んじて，いい魚を買う——それが勝負だ，というのだ。その眼力をつけるのが板前の修業の基本というもので（中略），まあ，包丁の腕もだいじだが，材料7分，腕3分，といったところでしょうな」（加藤，1975）。

　評論家・社会学者である加藤秀俊氏が，様々な職人たちに取材したときの一場面である。これは，「よい材料を吟味できる」こと（教材研究）が，いい「結果」（授業）を生み出すということを示している。

　一般に，授業を行うにあたっての事前の研究のことを「教材研究」と言うのだが，実際，教材研究のよしあしが，授業の成否を決める重要な位置を占めている。それは，これまでの研究成果から見ても明らかである。

　だからこそ，私たち教師は，日々の授業を支える大切な営みとして，教材研究をし続けるのである。では，教材研究とは具体的にどのようなことを行えばよいのだろうか。

　教材研究の捉え方についてはいろいろあるが，私は，①教材の本質を明確にするために，調べるだけ調べる教材研究（「**ひろげる教材研究**」）と，②実際の授業の中で子どもたち一人ひとりが教材の本質に迫ることができるように，①で調べた内容を選択・加工し，評価・改善していく教材研究（「**しぼる教材研究**」）の2段階に分けられると考えている。

　「ひろげる教材研究」では，社会科の目標や指導内容に応じて，教科書，副読本などの本文や関連する資料などで「現実の社会」について調べ，目の前の子どもたちに何を学ばせたいのかを具体的に明らかにし，教師がその授業のねらいをしっかりともつことを目指している。この「ひろげる教材研究」がゆきとどかないと，授業が底の浅い常識的な「ことば主義」，「観念主義」のやりとりに終始してしまう。

　ところが，である。教材研究がひろがった場合ほど，その研究した内容の枝葉の切り落としを適切にしなければならないのだが，これがなかなか難しい。

だからこそ，「ひろげる教材研究」を経て，実際に授業の場で，子どもたちに何をどのように提示するかという「しぼる教材研究」が必要となる。

　　「しぼる教材研究」とは，子どもたちにとって切実な学習問題である「自分たちの問題」を成立させる「事実とのインパクトのある出会い」を「演出」するための指導方法を研究することである。そのために大切なことは，自分の受けもつ具体的な子どもたちの顔を思い浮かべながら教材提示や発問の工夫を考えていくということである。「A男だったらこの事実に対して激しく怒り，そしてムキになって食いついてくるだろう」「B子だったらこの事実に対して，別の視点から意見を言うのではないだろうか」というように，具体的な子どもたち一人ひとりとの想定問答を繰り返しながら，それを基準に教材を選択・加工し，資料というかたちにおとしていく。すると発問も自ずと見えてくる。

　さらに，私は「授業後」の教材研究も重要であると考えている。つまり，その教材や発問は目の前の子どもたちにとって「生きて働く教材」となったかどうか評価・改善していく営みである。

　最後に，よりよい教材研究をし続けていくために，教師自身の関心や意欲，そして，問いを大切にして，自分のペースで教材研究に取り組むことを提案したい。教師として志を高くもち，毎日，毎時間の教材を全力をあげて研究してもおそらく長続きはしないであろう。学期に一回，自分の全力をあげて教材研究に取り組めばよい。そこで手応えを感じ，満足感が得られれば，次第にその機会が増えていくのだと思う。私自身がそうだったので……。

　その際，できるだけ仲間同士で議論したり，相談したりしていくことも提案したい。ただし，実際の授業にあたっては，そうした議論や相談をふまえつつも，最後は「自分自身の頭で考えぬく」ことが必要である。そうしないと，教材が「生きて働く教材」にはならないのではないかと思うのである。

Ⅱ章

深い学びが生まれる
社会科授業

1 ——

ふぞく小のあるまち文京区
~身近な地域や市区町村の様子~

1　単元目標

◎身近な地域や自分たちの通う学校のある区の様子について，東京23区内における区の位置，区の地形や土地利用，交通の広がり，区役所や図書館，歴史博物館などを中心とした公共施設の場所と働き，古くから残る建造物の分布などに着目して，観察・調査したり，地図などの資料を活用したりして調べて，白地図などにまとめ，身近な地域や文京区の様子を捉え，場所による違いを考え，身近な地域や自分たちの通う文京区の様子を大まかに理解できるようにする。

○身近な地域や区の様子について，学習問題の解決に向けて意欲的に追究しようとしている。

※本単元における配慮事項

◇本単元は学年の導入で扱い，「身近な地域の様子」を入り口として「自分たちの市（区，町，村）の様子」についての理解に重点を置くこと。

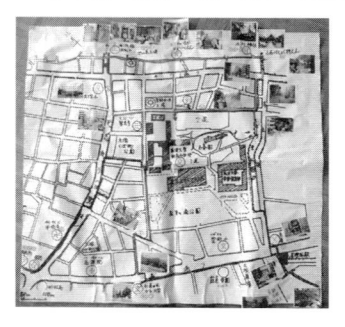

◇身近な地域の見学の際の視点は「地形や土地利用」などに絞るとともに，市（区，町，村）全体を見ていくときの視点として扱うようにすること。

◇市（区，町，村）全体の様子を調べる際には，子どもたちの生活経験を掘り起こし，写真資料から具体的に捉えるようにすること。

◇「白地図などにまとめる」際に，地図帳を参照し，方位や主な地図記号について扱い，地図を読み取ったり，地図記号を用いて表現したりすること。

2 「深い学び」を生み出す単元構想

　本単元では，身近な商店や公共施設に着目し，自分のお気に入りの場所や人をきめ，そこにかかわっていくという生活科の「まち探検」の学習を土台に，地域を「面」（広がり，場所による違いなど）として捉えていく社会科の「まち探検」にステップアップしていく。実際に歩く経験を通して気付いたことを地図上に表現していく「まち探検」は，子どもたちの空間認識を育むうえで欠かすことのできない学習活動である。そして，このように教室を飛び出して，地域の「人・もの・こと」と直接たっぷりとふれ合う「現場・現物主義」の学習は，体験的な活動を好む３年生の子どもたちの学習特性にも合致している。

　ただ，学習指導要領では，「身近な地域の様子」よりも「市（区，町，村）の様子」に重点を置くことになるので，「身近な地域の様子」における「まち探検」は，意図的・計画的にコースを設定することが必要となる。ここでは，「地形や土地利用」などに着目して問題追究していく過程で，「場所による違い」が浮き彫りになるようなコースを設定することが大切なポイントになる。

　そこで，本単元では，学校の北側の低地（千川通り沿い：橋の跡，寺や神社がある。印刷・製本工場が多い）と，南側の台地（春日通り沿い：駅前，スーパー，消防署がある。マンションや学校が多い）の２コースを，「まち探検」のコースとして設定した。その際，「東西南北応援団」という活動を通して「四方位」を楽しく覚えたり，「ローテーション」（コラム参照）を導入して，発見してほしい事実や身に付けてほしい「見方・考え方」を獲得させたりするなど，子どもたち全員の興味・関心も高め，楽しく充実した時間になるよう

な工夫も大切である。

　このような「地形や土地利用」などの「位置や空間的な広がり」に着目して，「**北がわ（千川通り）と南がわ（春日通り）の様子でちがうところは？**」という学習問題を設定し，「場所による違い」を追究していく活動は，学習対象を「市（区，町，村）の様子」に広げる際にも有効であると考える。そこで，「市（区，町，村）の様子」でも，「**文京区全体でも千川通りと春日通りの様子はちがうのか？**」という学習問題を設定し，「場所による違い」を視点に追究していけるようにする。

　文京区の北側を東西に走る「千川通り」には，印刷・製本工場がひしめいている。また，およそ南側の台地を中心に東西に走る「春日通り」には，大学などの学校や公園が多い。単元の後半では，「まち探検」による観察・調査，地図帳や副読本の地図などを活用して，「**なぜ千川通りにはいんさつ・せい本工場が多いのか？**」という学習問題を自分たちで見いだし，「自分たちの問題」として，ねばり強く追究していく学習活動を経験させたい。このような「なぜ？」，そして「どちらがよいのか？」「どうすればよいのか？」などといった「概念等に関わる知識を問う学習問題」を「自分たちの問題」として子どもたち一人ひとりがねばり強く追究していく学習活動は，社会科の醍醐味と言えるのではないだろうか。だからこそ，社会科の「ファースト単元」である本単元で大切に扱っていきたい。

　「**なぜ千川通りにはいんさつ・せい本工場が多いのか？**」という問題を解決するためには，地域の図書館や「文京ふるさと歴史館」，そして文京区役所といった公共施設の利用・見学が必要不可欠である。「文京ふるさと歴史館」学芸員の加藤さんは，「千川通り」と「春日通り」の土地利用の違いや文京区の特徴について次のように語っている。

「印刷業は水をたくさん使う仕事なので，千川沿いに大きな印刷工場（共同印刷）ができました。その印刷工場の周りには，印刷するだけでなく紙を切ったり，紙を束ねて本にしたりする工場が増えました。だから，千川沿いには，印刷・製本工場がたくさん集まりました。今は千川という川はありませんが，江

戸時代より前から千川という川が流れていました。昭和の初めに暗きょ化されて見えなくなってしまいましたが，千川通りの下には水が流れています。

　また，春日通り沿いに学校が多いのは，江戸時代に大名屋敷だった広い土地が多く残っていたからです。台地の上で，日当たりもよく，住みやすい土地でした。それが，明治時代に東京の中心部にあった学校が，大名屋敷だった広い土地に移ってきたから，今でも学校が多いのです。

　文京区の北側を通る千川通りには印刷・製本工場が多く，南側の台地を通る春日通りには学校が多いのですが，土地の高い低いによって使われ方が異なります。江戸時代には，土地の低い所は田んぼでした。高い所は，人の住む家がありました。明治時代になると，土地の低い所には工場ができ，高い所には学校が移転してきて，文京区のまちの特徴になりました」

　文京区役所や「文京ふるさと歴史館」の見学では，区役所の位置や交通機関とのつながり，地域に残る古いものや文化財の保護と観光とのつながりについても，関連付けて考えることができるようにする。

　地域の「人・もの・こと」と直接たっぷりとふれ合うこと。このような活動を通して，子どもたち一人ひとりの地域を見る眼を養い，「地域社会に対する誇りと愛情」を育んでいきたい。それは，みんなが幸せになるために「どうすればよいのか」，自分の「生き方」を問い続けるための素地につながっていくはずである。

3　単元の実際（全14時間＋総合活動4時間）

(1)　附属小のあるまち文京区の印象を出し合い，屋上から観察したり，附属小周辺を地図で調べたりして，学習問題をつくる（2時間）

「ふぞく小のあるまちの〈すきなところ〉は？」

「よくわからない」という声を受け，学校の屋上からまちの景観を観察。

「東西南北応援団」で四方位をマスター。

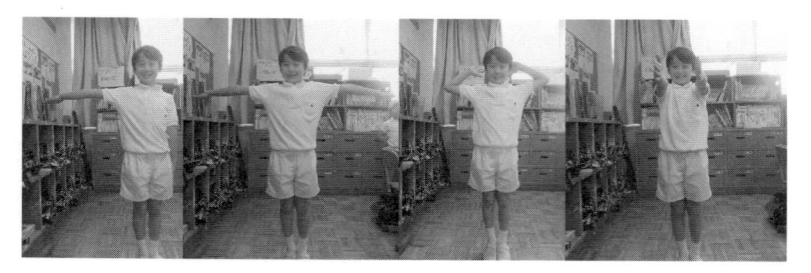

「ふぞく小のあるまちはどのようなところだろう？」

(2) 学校の北側の低地（千川通り）や南側の台地（春日通り）周辺を見
学して調べ，様子の違いについて話し合う（5時間）

「屋上から見てよくわからない学校の北
がわ（千川通り）はどうなっているのだ
ろう？」

まち探検①

「駅のある学校の南がわ（春日通り）は
どうなっているのだろう？」

まち探検②

「北がわ（千川通り）と南がわ（春日通り）の様子でちがうところは？」

	学校の南がわ	学校の北がわ
土地の高さ	高い（台地）	低い（低地）
まちのようす	学校、コンビニ、えきが多い。	工場、ゆうびんきょく、お寺、千川（今も地下にある）がある。
車の数て道はば	多い、広い	少ない、せまい
人の数て建物の高さ	多い、高い	少ない、ひくい

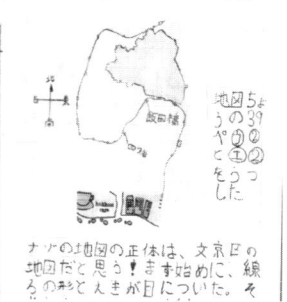

地図ちょうの39ページの①②③④をうつした

ナゾの地図の正体は、文京区の地図だと思う！まず始めに、線の形と大きさが目についた。そ

(3)　文京区全体の地形や土地利用について，千川通りと春日通りの違い
　　を視点に観察・調査したり地図などの資料を使って調べたりして，そ
　　の分布の理由について考える（4時間）〔本時4/4〕

「〈なぞの地図〉の正体は？」

「千川通りや春日通りはどこにつながっているのだろう？」

「文京区全体でも千川通りと春日通りの様子はちがうのか？」

　まち探検③

「なぜ千川通りにはいんさつ・せい本工場が多いのか？」（「本時の実際」参照）

「文京ふるさと歴史館」・文京区役所見学（総合活動：4時間）

(4)　都内・国内における文京区の位置や公共施設，文化財などを確認し，
　　附属小のあるまち文京区を紹介するマップなどにまとめる（3時間）

「外国から来た観光客におすすめのスポットは？」

▌4　本時の実際（授業の概要）

(1)　本時のねらい

　「まち探検」による観察・調査，地図帳や副読本の地図などの活用を通して，
千川通りに印刷・製本工場が多いことについて問いをもち，その理由を考える
ことができる。

(2)　前時の学習（まち探検③）を振り返る

　『この通りは，〈千川通り〉〈春日通り〉のどちらでしょうか』（「千川通り」
の写真を提示する）。

　「自転車専用の道がない。学校
もないから千川通りだ」。

　『そうかな。決定的な証拠はあ
りますか。指で指してみよう。い
っせいのせ！』（画面に向かって
子どもたちが一斉に指を指す）。

　「紙やできあがった本を運ぶ

小さな車だ」「フォークリフトだよ」「工場のあるところに必ずあったよ」「製本工場のおじさんも乗っていた」「春日通りにはフォークリフト絶対になかった！」。

『この前のまち探検で，千川通りを長い距離探検してみたけど，予想と比べてどうだった？』。

「やっぱり製本工場がいっぱいあった」「印刷工場もあった。ずっと続いていた」。

『どうやって見つけたの？』。

「千川通り沿い歩いていたら」「いや，千川通りとその両側の一本裏の道沿いにもけっこうあったよ」「フォークリフトがあると工場が見つかる」「本のページを折る機械の音が聞こえてくるからわかる」。

「僕の班は 45 個見つけた」「うちは 57 個見つけたよ」「えっ 51 個だよ」「印刷工場も合わせるともっとあるよ」。

『証拠をきちんと出してよ』「えっ？」『そう，証拠！』。

「あるよ！　ちゃんと地図に印をつけたもん！」（それぞれの班が記入した工場の位置を確認していく）「いっぱいあるな〜」。

(3) 「千川通り」に印刷・製本工場が集中しているという事実をじっくりと見つめ，「自分たちの問題」をつくる

「こんなにたくさんあるんだね」。

「本当に見事に千川通りとその裏の道に集まっているよ」「数えたら，製本工場が 73，印刷工場が 54 ある」『本当に？』「間違いない！」。

（3 年生の子どもたちは具体的な数にとてもこだわる。だからこそ，「具体的な事実」を大切にする姿勢を身に付けるのに適している学年なのである。一人ひとりの実体験をもとに，事実をじっくりと見つめる時間を保障していきたい）

「〈わたしたちの文京区〉っていう本を図書館で借りてきたんだけど，文京区には製本・印刷工場が合わせて 196 あるんだって」「ということは，そのうちの 127 がこの千川通り沿いに集まっているんだね」「すごい数だね！」。

「僕は〈地図帳〉を見たんだけど，文京区のところ，東京ドームのところの

周りに本の絵が描いてあるのね。あと印刷って書いてある工場の絵。本の絵は出版って書いてあって。僕は日本中，〈ビックリ名産地〉の〈自勉（自主学習）〉やったんだけど，ここにしか本の絵は描いてないから，日本の中でもかなり印刷・製本工場の多いところだと思う」。

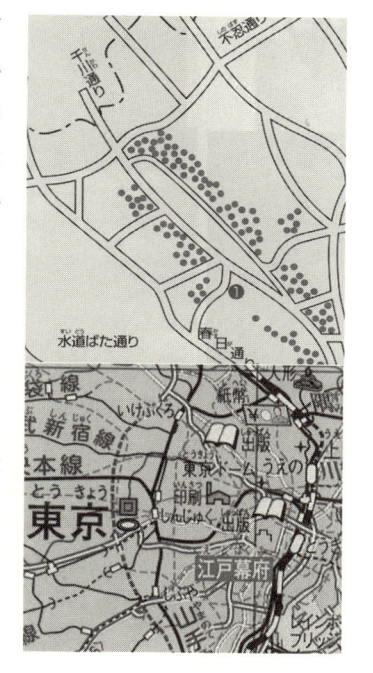

「本当だ！」「でも……」『えっ，なんだって？』（このような「つぶやき」を逃さない）。

「でも……，なんでこんなに千川通りの周りに印刷・製本工場が多いのかな」。

『そう思う人？』（一人の子どもの驚きや疑問を増幅させていく）。

「そうそう。いくら何でも集まりすぎだよ」「わいわいがやがや」……。

『今，わからないことをそのまま言葉にしてみよう』。

「なんで……」「なんで千川通りに多いのか？」「なぜ千川通りには印刷・製本工場が多いのか？」「そう！」（学習問題を板書する）。

『なるほど，この〈お題〉でいい？』「OK！」『では，みんなで証拠を見つけて，この〈お題〉を解決していこうよ。〈予想〉をノートに書くよ』。

「なぜ千川通りにはいんさつ・せい本工場が多いのか？」

⑷　「自分たちの問題」（「なぜ千川通りにはいんさつ・せい本工場が多いのか？」）について話し合う

（5分間，自分の考えをノートに書く時間をとる。その際，隣同士で相談することもOKにする）

「千川通りは昔，川だったところにふたをしたんだよね。ねこまた橋跡には〈大正〉って書いてあったから，まだ，その頃には川が流れていたので，印刷・製本工場は，川のそばに建てるとなんかいいことがあるんだと思う。だから千

川通りの周りに工場が集まっているんだと思う」。

「同じ。多分，工場で水をたくさん使うんだと思う」「でも，まち探検で工場を見学させてもらったとき，水なんて使っていたかな……」。

「印刷・製本工場はけっこう古い建物が多いから，昔からあったんだと思う。昔は船とかで作った本を運んでいたのかもよ」「でも，そんなに川幅のある大きな川じゃないから無理じゃないかな」。

「私は，前回のまち探検の後，やたら印刷・製本工場が多いので，ネットで調べたんだけど……。千川通りと春日通りが最後にくっつくでしょ。そこに文京区役所があって，さらにその先に東京大学っていうのがあるのね。東大。その東大ができたときに，その周りに出版社や印刷会社がたくさんできたっていう説が載っていたのね。学問のための本がたくさん作られていたんだって」「東大生だったらたくさん本を読みそうだもんね」。

「でも，それならもっと東大の近くにあった方が都合がいいと思う。僕はまだ納得できないな。千川通りの周りには，やっぱりきっと何かあるんだと思う」。

⑸ **本時を振り返り，次時への見通しをもつ**

『では，どうやったらこの〈お題〉を解決できるかな？』。

「ネットで調べる」「でも解決できるかな。いろいろな説があるみたいだし……」。

「図書館に行ってどんな本に載っているのか〈司書の先生〉に聞いてみる」。

「本物の図書館で聞いてみる。〈わたしたちの文京区〉も紹介してもらえたから多分わかると思う」。

「僕は，前に行った図書館の向かいに建っている〈文京ふるさと歴史館〉というところに行ったらいいと思う」。

『えっ，A男はどうしてそう思ったの？』。

「だって，なんだか歴史っていうの？　今回の〈お題〉は，昔のことが関係していると思うから……。そこには図書館にいるような先生みたいな人がいるみたいだし……」。

「私は，区役所がいいと思う。だって私が図書館で借りた〈私たちの文京区〉はそこで買えるらしいから。多分，区役所が一番，文京区のことに詳しいんだと思う。パンフレットみたいなものもいっぱい置いてあって，無料のものもたくさんあったし，先生みたいな人も窓口みたいなところにいたような気がする」。

『そこに行けば解決できそう？』。

「うん！」「先生，行こうよ！」「行きたい！」。

『じゃあ，今日の話し合いの前と後で自分の考えはどんなことが変わったか，また，どうやったら解決できそうか，振り返りを書いてください』。

■本単元に見られる「深い学び」の姿

　以下，A男の本時の振り返りとその後の自主学習の様子を紹介する。

　ぼくは，なぜ千川のまわりにいんさつ・せい本工場が多いのか，最初から千川があるからだとにらんでいました。なぜなら，文京区全部を地図で見ると，千川通りにあれだけ工場が集中しているからです。春日通りやしのばず通りなど他の通りにはないから，工場と川はかんけいしているんだと思いました。B子が東大があるからというのもたしかにそうかもしれません。なぜなら，東大生はよく本を読むし，大学の先生はいっぱい研究するときに本を読むからです。地図帳で出ていた東京が「本の名産地」になっていることとつながります。

　でも，みんなに言ったように「文京ふるさとれきし館」に行けば，きっ

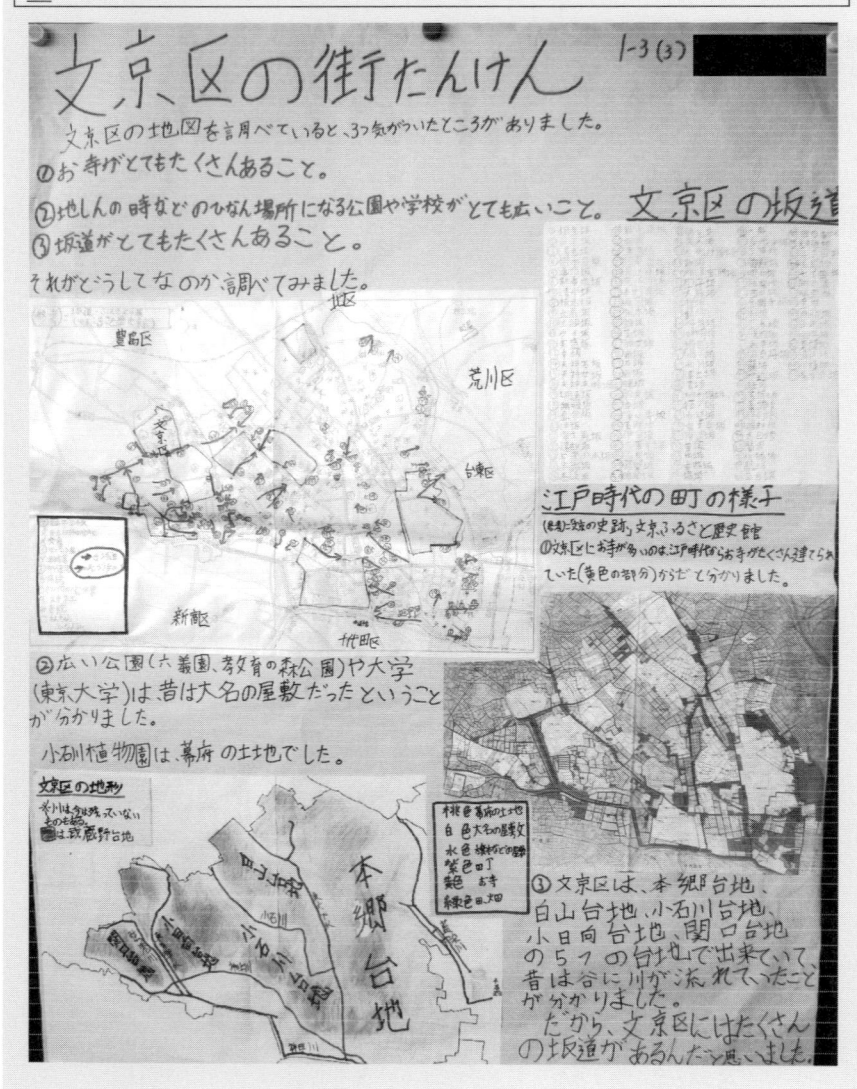

　A男は，本時における「なぜ？」という「自分たちの問題」をねばり強く追究し，解決したことをきっかけに，「①文京区にお寺がたくさんあるのはなぜか？」「②地しんの時などのひなん場所になる公園や学校がとても広いのはなぜか？」「③坂道がとてもたくさんあるのはなぜか？」という問題を，文京区の地図から自分自身で見いだし，「文京ふるさと歴史館」や図書館でアドバイスをもらいながら，地図や資料を活用してこれらの問題を解決し，白地図にまとめる姿が見られた。

　特に③の文京区の坂道に関しては，「蛙坂」「団平坂」「釈迦坂」「網干坂」など文京区に115ある坂道の名前一つひとつに由来があることに「おもしろい」と関心をもったようである。同時に，「今は，まちにお年寄りが増えてきているので，こんなにたくさんの坂道があると大変なのではないか」ともコメントしていた。

まち探検

　小学校には，たいてい校区の地図がある。研究会等でその小学校の校長室に案内されたとき，私はついその地図に目が行ってしまう。そして，その地図を眺めていると，道幅は狭いが，校区の外まで続く「細く曲がりくねった道」を発見することがよくある。

　このような「細く曲がりくねった道」は，明治時代（まれに江戸時代）から昭和30年くらいまでの地図にくっきりと載っている「古い道」か，川にふたをした「暗きょ上の道」（NHKの人気番組「ブラタモリ」）でお馴染みですね）であることが多い。

　このような「細く曲がりくねった道」を実際に歩いてみることをすすめる。きっと神社，お寺，忠魂碑，道標，古い民家，よろずや的な商店，井戸，石橋等を見つけることができるだろう。このような「細く曲がりくねった道」沿いには，地域の歴史やうつりかわりについて語ってくれる「教材」が点在しているのである。

　例えば，筑波大学附属小学校のすぐそばにある「千川通り」から一本裏手に入った「細く曲がりくねった道」を歩くと，「ねこまたばし」，「大正六年」と読める「橋の欄干（らんかん）の跡」を発見することができる。この道沿いには，今は小さな印刷・製本工場や捺染（なっせん）工場が点在しているが，調べてみると，かつての「千川（小石川）」にふたをした「暗きょ上の道」だった。

　「千川（小石川）」周辺は，昭和の初めまでは川でドジョウを取ったり，ホタルが飛び交ったりと，のどかな田園風景が見られたそうである。江戸の昔，この周辺には狸がいて赤い手ぬぐいをかぶり夜な夜な踊っているという噂話もあり，ある夕暮れ時に少年僧がこの橋の近くに来ると白い獣が追ってくるので「すわっ，狸か」とあわてて逃げたところ「千川（小石川）」にはまった，と

いう逸話から〈猫狸橋（猫又橋）〉と呼ばれるようになったとか。その後，「千川（小石川）」がたびたび増水し大きな水害をおこしたため，昭和９年に「暗きょ」となり，千川（小石川）は道路の下を通るようになってしまった。

　３年生の初めての社会科の授業のこと。「まち探検」に出かけた子どもたちも，この「橋の欄干の跡」を発見した。その後，橋の由来について調べた子どもたちは，「昔，〈ねこまた〉が，この場所に現れたから，こんな橋の名前がついたんだね」「川だったところにふたをしたからくねくね道だったんだ」「地面の音を聞いたら水の流れる音が聞こえてくるかな？」「社会って面白い！」などの感想をもらしていた。

　「まち探検」は，子どもたちにとって歓迎される学習活動である。

　ただ，教師側からすると，学校を離れて行うこのような体験活動は，安全面の管理だけでなく，きちんと問題を解決するための「証拠」を見つける「実りある活動」になるかどうか心配な面もある。二列縦隊の子どもたちの先頭から最後尾まで気を配るのは並大抵のことではない。

　そこで，私は，スキーの講習会のときのように「ローテーション」を組んで，見学時間やポイントに応じて先頭を交代するようにしている。この方法は，臼井忠雄氏（元筑波大学附属小学校教諭）から学んだ。私の場合，一学級につき３〜４人ずつの班をつくり，見学時間やポイントごとに先頭の班を交代させる。学校に戻ってくるまでには，全員が先頭の班に立てるようになるわけである。このようにすれば，子どもたち全員に，発見してほしい事実や身に付けてほしい「見方・考え方」を獲得させることが比較的容易になる。子どもたちも，先頭に立つことで喜々として見学に取り組むようになる。

　今，現場では，体験活動の意義を認めつつも，「まち探検」の時数を十分に確保することが厳しい状況である。だからこそ，「ローテーション」を導入することによって，たとえ短い時間であっても，子どもたち全員の興味・関心も高め，楽しく充実した時間をつくることが必要なのではないだろうか。

2 ── スーパーサントクのひみつ
~地域に見られる販売の仕事~

1 単元目標

◎身近な地域に見られる販売の仕事について，消費者の願いや販売の仕方，他地域や外国との関わりなどに着目して，家庭での買い物の実際や販売店での様子を調べて，販売店のチラシとしてまとめ，販売に携わってる人々の仕事の様子と関連付けて考え，販売の仕事に見られる工夫を理解できるようにする。

○販売されている商品の産地を地図帳などで都道府県や国の名称と位置を調べ，意欲的に追究しようとしている。

※本単元における配慮事項

◇販売の仕事については，子どもたちの「買い物調べ」の実態をもとに，身近な地域にあるスーパーマーケット（以下「スーパー」），コンビニエンスストア（以下「コンビニ」），デパート，専門店などの中から選択して，商店を取り上げること。

◇商品の仕入れ先を調べる際，地図帳などを使って，都道府県や外国の名称や位置を確かめる活動を行い，販売の仕事は他地域や外国と結び付いていることに気付くようにすること。

2 「深い学び」を生み出す単元構想

　販売の仕事では，消費者の願いや販売の仕方，他地域や外国との関わりなどに着目して，多様な願いを踏まえて，売り上げを高めるよう工夫していること

を理解できるようにする。

販売の仕方や消費者の願いに着目させて追究できるようにするために，まずは，クラス全員で「1週間の買い物調べ」を行う（Ⅰ章2参照）。ここでは，「買い物に行った店」と「そこで買った商品」，「気づいたことや思ったこと」を調査するので，家庭の協力が必要不可欠である。そこで，保護者にその趣旨を呼びかけるとともに，個人のプライバシーにも十分配慮する。

おうちの方へ
社会科の学習「わたしたちの買い物」で，ご家庭で協力してほしいことがあります。この学習が始まった日の12月14日（木）より，12月20日（水）までの1週間，「買い物調べ」を行います。これは，自分の家の買い物を通して，どのようなお店をよく利用しているか，それはどのような理由からなのかなどの疑問から，そこで働く人の工夫や努力を学ぶ学習です。
家での買い物ということで，かなり細かく品物を記入するようになっています。もしもシートがあれば一緒に持たせて（はって）いただけたらと思います。（もちろん可能な限りで結構です。）1週間という長い期間ですが，ご理解ご協力お願いいたします。
1月2年　担任　由井薗健
※12月22日（金）終業の集いに，この買い物調べを必ずもってきて下さい。よろしくお願いします。

クラス全員が1週間に買った品物の数は，「デパート26点」，「ドラッグストア80点」，「宅配97点」，「コンビニ99点」，「百均102点」，「専門店346点」，そして「スーパーが1445点」であった。この「スーパーだけがダントツ4桁」という事実から，**「なぜスーパーで買いものをすることが多いのか？」**という「自分たちの問題」を成立させ，スーパーで働く人の仕事について問題追究していく。「品ぞろえが豊富」，「値段が安い」，「新鮮なものを売っている」，「いっぺんにたくさんの品物が買える」，「車で買いに行ける場所にある」などがその理由ではないかと子どもたちは予想するであろう。その予想を確かめるために，学校近くにあるスーパーにクラス全員で見学する。

スーパーの見学では，まず，上の予想を実際に確かめていく。例えば，「品ぞろえ」だったら「コンビニだと7種類の牛乳を売っているが，スーパーだと37種類も売っていた」，「値段」だ

ったら「牛乳900mℓがコンビニだと254円で売っているが、スーパーだと228円で売っていた」、「新鮮さ」だったら「コンビニだと生の肉や魚は売っていないが、スーパーだと売っていた」というように具体的に確かめていくのである。

次に、実際にスーパーに行かないとなかなか気付くことができない「他地域や外国からの商品」や「お客さん向けの掲示の工夫」、「商品の並べ方の工夫」をじっくりと見学していく。ここで述べている「商品の並べ方の工夫」とは、例えば「幼児用のおかしは下の方の棚に並べてある」とか「肉を売っている側には焼き肉やすき焼きのたれが並べられている」などのことを指している。このようなスーパーの見学を通して、販売の工夫を理解したり商品の仕入れ先を地図帳で調べたりすることができるようにする。

さて、スーパーで働く人の仕事の一つに、消費者のことを考え、様々な商品を工夫して陳列する「商品の並べ方の工夫」というものがあった。そこでは、賞味期限の短い商品、例えば賞味期限の短い牛乳を手前に陳列するということもしている。ところが、消費者は、奥に置いてある賞味期限の長い牛乳から買っていくことが多い。同じ値段なら新鮮で、長持ちする方が得だからである。確かにそのような行為は、消費者にとって「賢いお買い物」なのかもしれない。

「ママはわざわざ奥の方に手を伸ばして、奥の牛乳をいつも買っているよ！」

しかし、スーパーで働く人は、このような消費者の願いに反して、「賞

味期限が短い」牛乳を消費者が手に取りやすい手前にあえて陳列し直している。なぜか。それは，「食品ロス」を減らし，売り上げを高めるためである。

　本単元において，消費者として自分たちも笑顔，スーパーで働く人たちも笑顔，そして将来も笑顔な「よりよい買い物の仕方」について考えることを通して，みんなが幸せになるために「どうすればよいのか」，自分の「生き方」を問い続ける素地を養いたいと考えている。

3　単元の実際（全12時間）

(1)　「1週間の買い物調べ」を通して，消費者の願いや販売の仕方について関心をもつ（2時間）

「自分たちはどんなお店で買いものをしているのか？」

「買いものしらべをして気づいたことは？」

(2)　「自分たちの問題」についてスーパー見学をしたり調べたりすることを通して，消費者の願いや販売の仕方，他地域や外国との関わりなどに着目して，スーパーの人たちの売り上げを高める工夫について考える（8時間）〔本時8/8〕

「なぜスーパーで買いものをすることが多いのか？」（Ⅰ章2参照）

「もし自分がスーパーの店員さんだったら，どのおかしをどのたなにならべるか？」

「500しゅるいのやさいはどこから来るのか？」

スーパーの見学①（1時間）

「どんな仕事をする店員さんが必要か？」

スーパーの見学②（1時間）

「買いもので気をつけていることは？」

「なぜ店員さんは〈しょうみきげん〉の短い牛乳を手前にならべなおすのか？」

（「本時の実際」参照）

(3) 消費者の願いをもとにしたスーパーの売り上げを高める工夫について理解したことをスーパーのチラシにまとめる（2時間）

「お客さんの気持ちを考えたスーパーの工夫をもとに，チラシをつくろう！」

4 本時の実際 (授業の概要)

(1) 本時のねらい

スーパーで働く人の「賞味期限の短い牛乳を手前に並べ直す」という仕事を消費者の願いを踏まえてじっくりと見つめることを通して，「よりよい買い物の仕方」について考えることができる。

(2) 前時の学習（「買いもので気をつけていることは？」）を振り返る

（前時の板書写真を配付し，「気になるところ」にマーカーを引かせ，引いた箇所やその理由を聞く）

「外国産ではなく，なるべく国産を買うよ。新鮮だから」「野菜だったら虫に食べられているものを買うよ」「ママは肉だったらパックを傾けて汁の出ない商品を選んでいるって」「国産の野菜や肉は少し値段が高いけど，買うと日本の農家の人たちも喜ぶから。スーパーにあった野菜を作っている人の写真っておじいさんが多いし……」。

「うちのママは，同じ値段ならできるだけ大きいものを買う」。

「安いものを買いすぎないってことを気を付けている。買っても食べなくて，結局捨ててしまうことが多いからだって」。

「うちは賞味期限の長い商品を買う。だって，同じ値段なら長持ちした方を買った方がよい。しかも賞味期限が長い方が，後から作られたってことだから新鮮だし」。

(3)　スーパーで働く人が「賞味期限の短い牛乳を手前に並べ直す」ときの様子をじっくりと見つめ，「自分たちの問題」をつくる

『何をしているところでしょうか？』。

「牛乳が売れて，足りなくなったから補充しているところだ」。

『（賞味期限が異なっている牛乳の実物を出して）みんながスーパーサントクの店員さんだったら，どうやって補充しますか？』（牛乳を補充する仕事を店員さんになりきって実演してもらう。本人だけでなく，見ている子どもたちにも牛乳を補充する仕事のイメージが共有される。牛乳正面に記載されている「賞味期限」について焦点化できるよう，補充をしているときの並べ直しの様子を書画カメラで映し出せるようにした）。

『どんなことに気を付けたのかな？』。

「ただ補充するだけじゃなくて，賞味期限の短い牛乳は手前に並べ直した」。

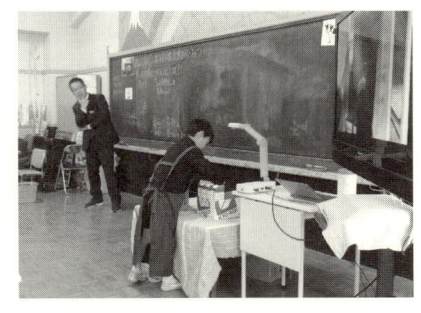

「頭いい！　だって，お客さんに賞味期限が切れる前に買ってもらえる」。

「でもさ，スーパーの牛乳売り場を見ていたら，一回全部牛乳を取り出してから，奥から賞味期限が長い，新しい牛乳をつめて，最後に一番短い，古い牛乳を入れ替えている。だからすごいめんどうくさいことをわざわざしている」。

「しかも牛乳って重いし，何本も何本も……」「でもね，うちのおじいちゃんは，牛乳を取りやすい手前から取らないで全部の牛乳の賞味期限を見てから取っているよ」『このお客さんもこの後，奥から牛乳を買っていったよ』。

　「うちのお母さんも必ず奥の牛乳を取っている」。

　「そうだよ，どうせお客さんは奥から買っていくから意味ないじゃん！」。

　「わざわざ大変なことすることないよ。店員さんは他にもいろいろと忙しいのに……」。

　『そうだよ，意味ないことをなんでわざわざ店員さんはやるんだろうね……』。

「なぜ店員さんは〈しょうみきげん〉の短い牛乳を手前にならべなおすのか？」

(4)　**「自分たちの問題」（「なぜ店員さんは〈しょうみきげん〉の短い牛乳を手前にならべなおすのか？」）について話し合う**

　（5分間，自分の考えをノートに書く時間をとる。隣同士，相談することももちろん OK である）

　「賞味期限の短いものを早く買ってほしいから，大変だけど手前に並べ直す」「少しでももうけたいし，売れ残ったらもったいないから」「賞味期限が切れてしまったら売ることができない！」。

　『賞味期限が切れた牛乳ってどうするんだろう？』「捨てる？」「お店の人たちが飲み放題？」「牛さんにごめんなさいをしてから捨てる」「牛の赤ちゃんに返す？」「それは人間が飲めるように加工してしまっているから無理だよ！」（スーパーサントク店長さんのインタビュー「賞味期限が切れた牛乳をどうするのか？」を提示する）。

「賞味期限までに売れなかった牛乳は，当社ですべて処分します。つまり捨ててしまうんです。賞味期限切れの牛乳を売ったら，お店のイメージが悪くなってしまいます。新鮮さが大事ですから。だから少しでも商品を捨てないように，〈食品ロス〉を出さないように当社ではこまめに商品の並べ替えなどを行っています」

「うわぁー！」「牛さんにも申し訳ない……」。

「だから大変でも店員さんは牛乳を並べ直すんだね」。

(5)　本時を振り返り，次時への見通しをもつ

「やっぱり牛乳は前から取った方がいい！　だって，売れ残ったら，牛さんだけでなく，牛乳を作っている人にも悪い！」。

「でも，私のママは，〈ごめんなさい〉って言って，悪いとは思うけど奥の方から取っている。だって，私の家は一人っ子だしパパと私しか牛乳が飲めないから……」「僕も一人っ子だからやっぱり奥から……申し訳ないけど……」。

「でも，僕の家は5人家族ですぐに牛乳を飲みきるから，手前から買う。お店の人も喜ぶし，エコにいいから」。

「だけど，安いからってたくさん買って，結局飲めなかったらもったいないよ」。

『自分が牛乳を買うとしたらやっぱり奥から取る？（7名）

手前から？（18名）

どちらか正直迷う？（7名）』（迷っている子を指名する）。

「僕は一人っ子で牛乳もそんなに飲む方ではないから，ふだんは奥からなんだけど，友だちや親戚が来たり暑かったりした日には手前から取ってもいいと思う。だからその時その時を考えて買うことが大事だと思った」。

■本単元に見られる「深い学び」の姿

まだ食べられる食品が大量に廃棄されていく「食品ロス」の問題は，「社会問題」である。日本では近年，年間646万tもの食品が廃棄されている。これは東京都民約1300万人が1年間に食べる量の600万tを上回る。

以下，本時におけるA子，B子，そしてC子の振り返りの一部を紹介する。

「よりよい買い物の仕方」について考えることを通して，みんなが幸せになるために「どうすればよいのか」，自分の「生き方」を問い続ける素地を見てとることができないだろうか。

> #### A子　本時の振り返り
> じゅぎょうでは，スーパーサントクの店長さんの「きげんがきれたらきちんとしょ分する」という言葉がびっくりした。「すてるのはもったいないから切れる前に買ってほしい」という気もちがわかった。自分だったら，サントクで見た油あげのように，しょうみきげんが近い物は安くすること

にして，100円ぐらいねだんを下げたシールをはって売りたいと思う。もうけることはできないけど，おきゃくさんに買ってもらえればいいと思った。なぜなら，すてるのはもったいないし，しごとがふえてしまう。2月2日の朝小（朝日小学生新聞）のきじに，「むりょうスーパー」のことが出ていたけど，まだ食べられる物をむだにしないことが大切だと思う。私も東京都の多摩市のむりょうスーパーに行ってみたい。（後略）

（下線筆者）

B子　本時の振り返り

（前略）お客さんは，しょうみきげんの長い商品を買おうとする。（なぜなら，新せんだし長もちするから。）

でも，お店の人はしょうみきげんの短い商品を売ろうとする。（なぜなら，すてるのはもったいないし，そんをするし，もうからないから。こういうことを食品ロスと言うらしい。）

そこで食品ロスについて調べてみた。

食品ロスについて

日本は，世かいの中でも食品ロスがすごく多い。なぜかというと，日本人は，きれいなものや，あん全なものが好きだから。しょうみきげんやしょ

うひきげんが，ほかの国よりもみじかいから。

食品ロスを少なくするためには？

日本 ・へい店まぎわのやす売り
・しょうみきげんが近いもののやす売り

フランス ・食品をすてるのは，ほうりつできん止。きふをする。

スペイン ・フードシェア。町の中にれいぞうこがあって，あまったものを
入れて，だれでも自由に使える。

イギリス ・売れのこりをどうろにおいて，ホームレスの人にあげる。

オーストラリア ・むりょうスーパーがある。しょう品はぜんぶがしょうみ
きげんが近いもの。むりょうでもらうかわりに，お金を
きふする。(後略)　　　　　　　　　　　　(下線筆者)

C子　本時の振り返り

　私は，このべんきょうをしてみてわかったことが2つありました。

　①つ目はこれ「しょうみきげんが長い物がおくにあるからおくからとっていく！」という所！　私が思ったのは，おきゃくさんも「ちえ」をつかってかいものをしているということです！あと，店員さんのならべかたです。すこしでもしょうひんをむだにしていない所がとくちょうだと思いました。

　そして②はここ！「そのときそのときに考える」ここです。なぜなら，のこると，「もったいないことを，しちゃったな」というこうかいがのこってしまうからです。

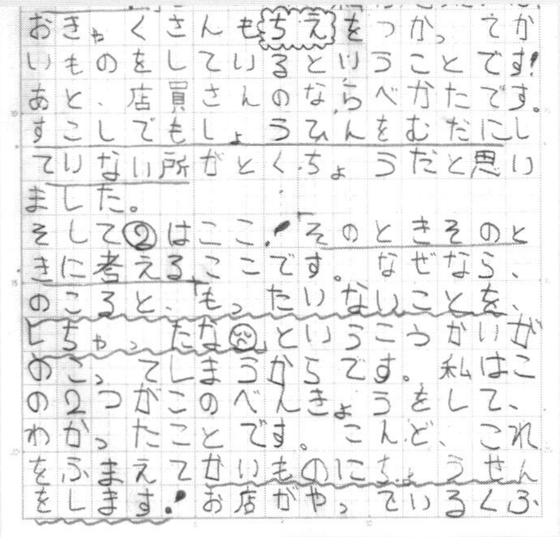

　私はこの2つがこのべんき

ょうをして，わかったことです。こんど，これをふまえてかいものにちょうせんをします！お店がやっているくふうにかんしゃをしながら。

（下線筆者）

ビックリ名産地

　2020年より3年生から地図帳が配付されることになった。「身近な地域や市区町村の様子」において，自分たちの住んでいる市区町村の位置や様子をつかんだり，「地域に見られる販売の仕事」において，スーパーやコンビニなどの商品がどこから来るのか，その都道府県や国を調べたりするのに好都合である。

　私は，地図帳を配付すると同時に，「日本ビックリ名産地」という授業を行っている。

　帝国書院の地図帳には，「だるま，こいのぼり，ピアノ，ゲーム機，つまようじ，コンセント，学生服，自動販売機……」などの小さな絵記号が日本（世界）の各地域に載っている。これを子どもたちが見つけ出し，その絵記号が描かれている①都道府県名か国名と国旗，②ページと何丁目（横軸：カタカナ）と何番地（縦軸：数字）をノートに書き，発表し合うというもの。これは，3年生でも「地域に見られる販売の仕事」の学習が進んだときに行うことができる。

　『みんなが住んでいる東京23区が載っているこのページに，だるまの〝名産地〟があるんだけど……』。すると，「あった！」「見つけた」。すかさず『ヒント教えてよ』と問う。

　すると，「左の方」『左は窓です』「あっ西」「西の上の方」『上は天井です』「そうだ，北の方」「群馬県」「新幹線が通っている」「高崎」……。

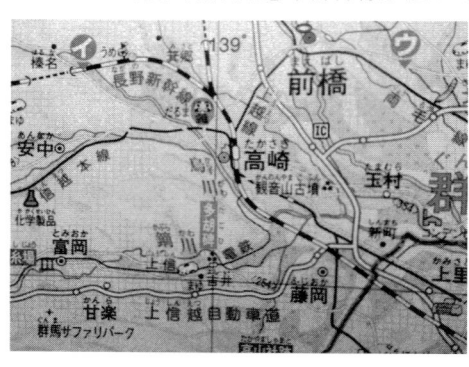

　「見つけた！　だるまは群馬県，37ページのイ丁目の1番地の高崎」『このだるまの絵記号は群馬県の高崎にしかない（複数ページに重なっている場合は，「大きく載っている方」ということも伝える）。こういうレアな絵記号のある名産地をみんなで

探してみようよ！』と投げかけると，子どもたちは楽しそうに地図帳をめくり始める。

　レアなものを見つけ出した子には，「みんなに伝えたい」「もっともっとたくさんのレアなものを見つけたい」という意欲が芽生えてくる。そのような意欲に支えられ，子どもたちは日本中をすみからすみまで見つめていくうちに，都道府県の名称や位置，地図帳の構成などを理解し，地図帳を使うための技能も楽しく身に付けていくのである。

　ある子が「神楽面」というものを見つけた。これは「宮崎県，20 ページのオ丁目の 4 番地の高千穂」という場所に描かれている。

　「神楽面の名産地，高千穂」……。「なぜ宮崎県の高千穂は神楽面の名産地なのだろう？」という問いが生まれ，問題追究する姿を見ることもできた。

「スーパーの商品はどこから？」（A 子の「自勉〔自主学習〕」より）

3 小泉牧場物語
~地域に見られる生産の仕事~

1 単元目標

◎身近な地域に見られる生産の仕事について，仕事の種類や産地の分布，仕事の工程などに着目して，見学や聞き取り調査をしたり地図などの資料を活用したりして調べて，白地図などにまとめ，生産に携わってる人々の仕事の様子を捉え，地域の人々の生活との関連を考え，生産の仕事は，地域の人々の生活と密接な関わりもって行われていることを理解できるようにする。

○地域に見られる生産の仕事について学習問題を意欲的に追究し，生産の仕事から見た地域のよさを考えようとしている。

※**本単元における配慮事項**

◇地域の生産の仕事については，農家（酪農家），工場などの中から一つ選択して取り上げること。

◇特定の生産者の仕事の様子のみを調べるのではなく，区内に見られる生産の仕事の種類や分布を大まかに調べること。

2 「深い学び」を生み出す単元構想

　「地域（まち）に残る唯一の〇〇」は，地域社会の変化やその〇〇を営む人の思いや願い，さらに地域の人たちとの関わりをうかがうことができる絶好の教材である。本単元で取り上げる小泉牧場は，東京都練馬区大泉学園にある23区唯一の牧場であり，「とうきょう牛乳」や「アイスミルク」を生産し，出荷，販売している。

小泉牧場は，昭和10（1935）年に初代小泉藤八さんが開業，その息子である與七さんが二代目を受け継ぎ，現在は孫の勝さんが三代目として経営の中心となり，50頭近くの乳牛を育てている。また，地域の人たちに向けて酪農体験や，「食」

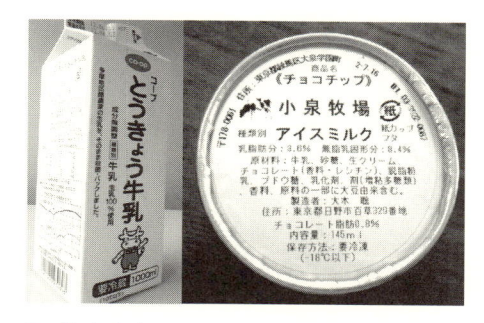

や「命」の教育も行い，「地域のシンボル的存在」になっている。

しかし，小泉牧場が地域の人たちに受け入れられるまでには，多くの苦労があった。1970年代，練馬区の大泉学園周辺が，高度経済成長とともにベッドタウン化し，最盛期120軒あった23区内の酪農家が激減するとともに，地域の人たちから「くさい」「汚い」「うるさい」など，まるで「公害」のように扱われるようになってしまったのである。その頃の様子を二代目の小泉與七さんは次のように語っている。

「23歳でここ（小泉牧場）に来たのですが，まさか20年もしないうちに，牛舎のまわりに家がこんなにつながるとは予想もしていなかったです。こんなに急に市街化が進むとは思いませんでした。このときは私はとてもつらかった。

狭い場所でやっていますので，特に，糞尿の処理と臭いの問題（牛一頭一日につき30kgのふんと50ℓの尿）で大変苦労しました。また，赤ちゃん牛が産まれるときなどは，どうしても鳴き声が大きくなってしまいます。それでも，苦情を言われてしまうとどうしようもありません。そのときは，牛の口に布をまきつけて，夜通し声を出させないようにしました……。つらかったですよ。

まちの人に声をかけられるとはっとする。それは苦情を言われるのではないかと思ったりして……。今までこれで通ってきた社会じゃないか……酪農はそ

んなに悪いのか，と」

　ところが，1990年代，学校関係者から「牧場の見学や体験学習をしたい」という話が来て，地元の小学校の子どもたちと交流をもつようになる。それがきっかけで，地域の人たちとも交流が生まれ，小泉牧場は「多くの人たちが酪農とふれあえる場」に変わっていった。それにともない，地元の喫茶店や豆腐屋の方々が「コーヒー豆のしぼりかす」（消臭に使用）や「おから」（配合飼料の一部）を無償で提供してくれるようになったという。三代目の小泉勝さんは次のように語っている。

　「地域との共存ですよね。大泉でもこういう酪農をやっているんだよという。

やはり，牛舎は牛の臭いがしますよね。くさい，くさいって子どもたちが言ってきますよね。なぜくさいかを実際に見学を通して，牛舎に入って，なぜくさいのかをわかってもらいたい。我々は必ず掃除をしている。すみからすみまで子どもたちに見てもらいたい。

　今，子どもたちは牛乳と言えばスーパーのパック詰めされた冷たい牛乳しか知らない。ジュースと同じ感覚。そうではなく，生きたお母さん牛から出ている牛乳。まさに自分の血液を使ってお母さん牛は命を削って牛乳を出している。子どもたちに牛乳の温かさ，本当の命の大切さ，やさしさ，そういうことをすべてわかってもらいたいと思っています」

　本単元は，「総合活動」（本校では，生活科と総合的な学習の時間をこのように呼んでいる）と合科的・関連的な指導をはかり，「小泉牧場」への複数回の見学を通して，仕事の工程に着目し，「小泉まさるさんの一日」という資料と関連させながら，**「まさるさんが一番大変なしごとは？」**という「自分たちの問題」を成立させ，酪農家の努力や工夫について問題追究できるようにする。

　また，「勝さんが一番大変な仕事は〈23区で小泉牧場自体を続けること〉」という子どもの発言に立ち止まらせ，**「まさるさんたちがまちで牧場を続けることができたのはなぜか？」**という「自分たちの問題」を成立させ，「地域の問題」（「社会問題」）を解決し，「地域のシンボル」に生まれ変わった23区唯一の牧場を経営する酪農家や地域住民の双方の努力や工夫，協力についても多角的に問題追究できるようにする。子どもたち一人ひとりが見学やインタビュー，そして調べ学習をもとに，「社会的な見方・考え方」のすべてを働かせながら，自分たちの生活とのつながりについて考えていくことができるようにしたい。

　酪農家と地域住民の双方の努力や工夫，協力によって「地域の問題」（「社会問題」）が解決された本単元の事例を通して，みんなが幸せになるために「ど

うすればよいのか」，自分の「生き方」を問い続けるための素地を育んでいきたい。

3　本単元の実際（全 10 時間＋総合活動 30 時間）

(1)　前単元（「スーパーサントクのひみつ」）で学習した「牛乳」の産地や作り方について関心をもち，東京 23 区の航空写真から土地利用を概観する（2 時間）

「東京 23 区に牧場はあるのか？」

(2)　「小泉牧場」の 3 回の見学や「小泉まさるさんの一日」を通して，酪農に携わってる人々の仕事について問題を追究する（6 時間）

小泉牧場の見学①　酪農の仕事（総合活動 2 時間）

小泉まさるさんの一日

6：00	牧草を牛にあげる。①
	いつも牛の健こうチェック、「発情」のかくにん。
	牛しゃのそうじ①
7：00	配合飼料（朝食）を牛にあげる。①
8：00	さく乳①（33頭）※「乾乳牛」5頭、赤ちゃん牛9頭、「育成牛」1頭は何もしない。
	牛しゃのそうじ②
11：00	赤ちゃん牛のミルクやり①　自分の朝食
11：30	牛しゃのそうじ③　このとき牛もきれいにする。
13：30	牛の夜ご飯、夜食（配合飼料）づくり
14：00	牧草を牛にあげる。②
	牛しゃのそうじ④
	近所の豆ふやさんに行って、おからをもらう。
	牛しゃのしゅう理やうらの草かりなど
16：00	休けい・自分の昼食
17：00	配合飼料（夕食）を牛にあげる。②
	次の日の牛の朝食（配合飼料）づくり
18：30	牧草を牛にあげる。③
	牛しゃのそうじ⑤
19：30	別のしゅるいの牧草を牛にあげる。④
	さく乳②（33頭）
21：30	赤ちゃん牛のミルクやり②　配合飼料（夜食）を牛にあげる。③
	休けい・自分の夕食

「まさるさんの一日を見て気づいたことは？」

「なぜまさるさんは一日に7回もえさを分けてあげるのか？」

　小泉牧場の見学②　出荷先・えさやり（総合活動2時間）

　小泉牧場の見学③　小泉牧場の歴史・出産・糞かき体験（総合活動2時間）

「まさるさんの一番大変なしごとは？」（Ⅰ章2参照）

(3)　再度の小泉牧場の見学を通して，「地域のシンボル」となった23区唯一の牧場を経営する酪農家の努力や工夫，地域住民との関わりについて問題追究できるようにする（2時間）〔本時2/2〕

　小泉牧場の見学④　乳搾り体験・インタビュー（総合活動2時間）

「まさるさんたちがまちで牧場を続けることができたのはなぜか？」

「まさるさんたちがまちで牧場をつづけることができた〈きめて〉は？」（「本時の実際」参照）

⑷ 「小泉牧場」と自分たちの生活とのつながりについて考える（2時間）
「まさるさんのねがいは？」

　小泉牧場の見学⑤　インタビュー，アイスミルク試食（総合活動2時間）

※その後「命」をテーマに「総合活動」として「学習」を進めていった。

● 「学んだことをもとに，みんなで劇をつくって，たくさんの人に23区唯一
　の牧場〈小泉牧場〉の物語を伝えたい！」（総合活動20時間）

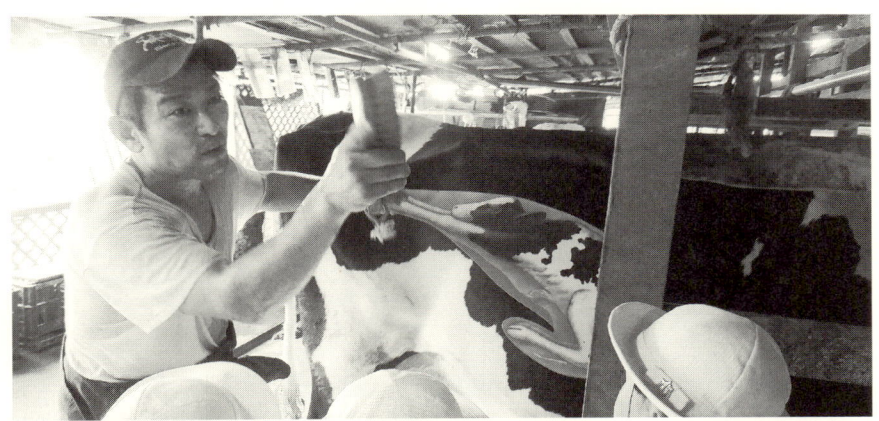

4　本時の実際（公開授業記録）

⑴　本時のねらい

　かつて地域住民から「公害」扱いされていたにもかかわらず，小泉勝さんた
ちが牧場を続けることができた「きめて」について，「自分ならでは」の考え

をきめ，話し合うことを通して，地域における酪農のあり方について考えることができる。

⑵ 前時に成立した「自分たちの問題」（「まさるさんたちがまちで牧場を続けることができた〈きめて〉は？」）を確認する

（教師がA男のノートに貼られた「小泉牧場付近の航空写真（1969）」を書画カメラに映す）

「白黒だ」「昔の写真だ」「多分，小泉牧場の……」『まちがいない？』「うん」『この航空写真を持ってきてくれた人がいるんです。誰だと思いますか？』「わかんない」「わかった，A男だ！」『どうしてA男ってわかったの？』「今，（こっち）見てた！」『（A男の方を向いて）どうやって調べてきたの？』「（A男がニコニコしながら）ネットで小泉牧場のことを調べたら出てきたよ」（子どもたちが調べてきた資料などは，できる限り「子どもの手柄」として授業に位置付ける。A男の持ってきた航空写真よりも鮮明なものを実は教師が用意していたとしても……である。A男だけでなく，他の子どもたちの調べる意欲も高めるからである）。

　『小泉牧場の場所を指してよ』（A男が前へ出て来て，小泉牧場の位置を指差す）『まわりに家は？』「ない」「いや，ある」（教師がもう一枚A男が調べてきた航空写真（1978年）を書画カメラで映す。「カラー」「1978年」）『先生，生まれていたと思う？』「思う」「思わない」『ちょっと生まれているかもしれない。さあ，さっきの写真と違ったところは？』「家が建ってきちゃった」『この頃から，どんなことが起きたの？』「こうがい！」『〈こうがい〉って何だ？』「文

句！」「近所の人が牧場に」「勝さんや與
七さんに！」（わいわいがやがや）『文句
を言うようになっちゃったんだよね。ま
ちの人』「クレーム軍団！」「うるさい！
きたない！　くさい！」『ねー，でもこ
の頃から言われるようになっちゃったん
だね。小泉牧場って，今から何年前につ
くられたのか知ってますか？』「84 年前！」『84
年前。昭和 10 年ね，（西暦）何年になる？　B
君すごいじゃないか。自信満々。でも〈証拠〉
があるのか？』（子どもたちはノートをめくる）
『みんながちゃんと〈証拠〉を見つけないと，
先生黒板に書けないよ。C 男，見つけた？』「1935
年！　5 月 24 日の火曜日のノートに」。

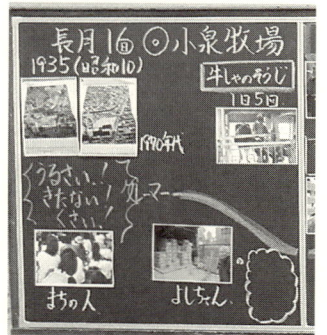

　『1935 年，昭和 10 年から小泉牧場はあった。
でも，この頃（1978 年の航空写真を指して）からこうなっちゃったわけだ。（〈う
るさい・きたない・くさい〉という板書を指して）……ていうふうに言われて，
與七さん何したの？』「見学！」『えー，いきなりまちの人に今みたいに牧場を
見学させたのかな？』。

　「まずは牛舎のそうじとか，勝さんが過去〈くさい・うるさい・きたない〉
とかのクレームを消すようにがんばって牛舎の
そうじをして……」『そうじはいつもしているで
しょう？』「でも，念入りにちゃんと……」「もっ
と回数を増やした！」『今は何回そうじしている
の？』「7 回！」『うそばっかり，みんな適当なこ
とを言うなあ。証拠はどこにあるんだ？』（子ど
もたちがノートをめくる）『この教室にも，ちゃ
んとした証拠があるよ。指，差してごらん，い

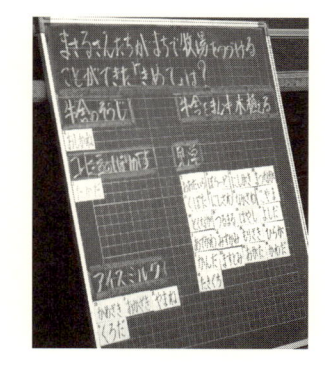

っせいのせい！』（子どもたちが「小泉まさるさんの一日」の拡大資料を一斉に指差す。「あった」の声）「5回だ。1日5回やり始めたんだ！」『小泉さんたちは，まちの人たちからのクレームに対して，そのようなことから始めたんだろうけど（小黒板の「名札マグネット」を指して），今，みんなの〈きめて〉はこんなふうに貼っているわけね。じゃあ，牧場を続けることができた〈きめて〉は何だったのかね？』。

「まさるさんたちがまちで牧場を続けることができた〈きめて〉は？」

> 「牛舎のそうじを増やす」1名
> 「牛舎の真ん中に木を植える」0名
> 「コーヒー豆のしぼりかすをまく」2名
> 「牧場を見学させる」21名
> 「搾りたてアイスミルクの販売」3名

(3) 「自分たちの問題」について話し合う

　　　「先生，名札マグネットを変えてもいいですか？」（小黒板の「コーヒー豆のしぼりかす」に置いてあったマグネットをD男が手に取る）『なんで変えるの？』「牛のえさの食べ残しを，農家に渡すって。前の時間，確かE男の持ってきた本に」（E男が書画カメラで『日本の産業まるわかり大百科②　農業2　野菜・果物・畜産』の該当ページを映す）『（子どもたちに）見えるように動いてもいいよ。大きくしないと見えないね』「ズームしたら」「（書画カメラの画面をズームしながらE男が該当ページを読む）牛が食べ残したえさは，畑作農家に運び，肥料として使います」。

　　『というところ？　はい，ではD男にバトンタッチ』「それで，肥料が土の栄養となって，農家がつくった食べ物をみんなでおいしく食べているわけだか

ら，クレームは言われなくなるのかと思って……」『それ，どこの農家の人にえさを届けているか知っている？　まちの農家の人，それとも遠くの農家の人？』「まちの人だと思う」『まちの人？　練馬区に畑があるのか？』「ある，ある！」「あったっけ？」「今の航空写真に畑があったかも」『先生が小泉牧場のえさの食べ残しを届けている人を調べてみたら（「練馬大根をもつ農家の人」の写真を見せながら）こんな人でした』「大根！」「練馬大根だ」『そう，練馬大根をつくっている人です。Ｆ子，練馬区って練馬大根つくっている？』（Ｆ子，資料を広げてうなずく。となりの子がのぞきこむ）『えさの残りをまちの農家の人にあげて

いる。（Ｄ男に向かって）君は，この名札マグネットの場所におさまらないことだけど，どちらかというと〈コーヒー豆のしぼりかす〉に似ているから，ここに置きかけたけど迷ってたんだね。Ｇ男はどう？』。

　「僕もＤ男みたいにそこには入らないのだけど。近所との関係が〈きめて〉になった，牧場を続けるための。勝さんだけがそうじしてがんばったと言っても，近所の人が認めて，勝さんがんばっているから〈これならいいじゃないか〉と思うまでは，クレームは続くと思う。コーヒー豆のしぼりかすをまいても，近所の人が〈がんばっているね〉と認めてくれないと，近所の人のクレームは続く」『そうじやコーヒー豆がきっかけで，勝さんたちががんばったから牧場が続いたんだね。はいどうぞ……』（子どもたち同士による相互指名）。

　「（Ｈ男）僕は，〈アイスミルク〉だと思うんだけど。学校の先生が……牧場の近くにある大泉小学校の先生が〈ここだけの特別のメニューをつくったらどうですか〉と言ったみたいで，それでアイスミルクをつくって，近所の人とか

がよく食べに来てくれて，それで牧場を続けられたのではないかな」。

「〈アイスミルク〉じゃないけど，つけたし！（H男に指名される）僕は，子どもたちに向けた〈見学〉だと思うんだけど……。なんでかと言うと，牧場見学をOKにして，小泉牧場に来た大泉小学校の先生がたまたま〈小泉牧場限定のものをつくればいいんじゃないか〉って教えてくれたっていうから……」『I男はなんで〈見学〉したことが一番の〈きめて〉だと思ったの？』「G男が〈コーヒー豆のしぼりかす〉って言ってたでしょう。僕が調べたネットのページでは，コーヒー豆のしぼりかすを使っても全くにおいが消える気配がなかったと書いてあったから」『そのネットの資料はないの？』「家のプリンターのインクが切れちゃったから……」『生々しいなあ。わかった。今のI男の信じていいの？』（「わいわいがやがや」）「信じていいじゃないですか」「信じちゃダメだよ，証拠がないもの」「ここに証拠がある」『だから，信じるということは，本当はこういうのを見たんだけど，ちょっと今，ここに持って来れないことは信じていいですか？』（子どもたちはみんなうなずく）『H男は〈コーヒー豆のしぼりかす〉の記事，見たことあるの？』「今，教室にある（公開授業なので特別教室で授業を行っているため）」『じゃ，行ってらっしゃい。これ大事です。I男の名誉に関わることですから』（子どもたちの笑い。H男が教室に資料を取りに行く）『ちゃんともどって来いよ！』。

「（I男）〈アイスミルク〉と〈見学〉が，〈きめて〉だと思うんだけど」『これセットなの？』（板書の見学とアイスミルクを黄色いチョークで結ぶ）『〈きめて〉ばかりだな……』「どちらかというと，〈見学〉なんだけど……小泉さん

は，近所の小学生の見学を受け入れて，そこの先生が〈小泉牧場限定のものをつくればいいんじゃないか〉とアドバイスをくれて，アイスミルクができたから，最初に見学を受け入れたおかげでアイスミルクが出てきて，それが人気になったからだと思う」『そうなんだ，じゃあ，つなげていって』（J男が指名される）。

　「I男のつけたしなんだけど，それで見学を受け入れたことでアイスミルクが誕生して，商品になってもうかった」『商品になってもうかったというのは，どうしてわかるの？　証拠がありますか？」「あります。（黒板のアイスミルクを買っている写真を指差しながら）あそこにあります」『確かにそうだね，人気が出てきたのかな』「H男がもどってきた。やっぱり書いてなかったって」『一日どれくらい売れるのかね？　何個ぐらい？』「僕たちが行ったときはだいたい 50 個ぐらい売れている」「50 個は売れてないでしょう」「季節によってちがう」『先生も証拠を出さないと

いけないね。K君がね，今日お休みだけど，ちゃんとノートを送ってくれたんだね。それによるとね，（K男のノートを書画カメラで映しながら）K男になったつもりで読んでみます。〈アイスミルクをつくったら，だんだん売られていって，銀座でも売られている。今では，1 日何十個も売れるらしい〉。何十個ということは？』「だから，最低 10 個だから，3000 円」（突然E男が「牛の食べ残しを肥料にする機械の写真が載っていたよ！」と叫ぶ）。

　『L子どうぞ，さっきからずっと手を

あげているからね』（教師はＬ子を意図的に指名する。Ｌ子がノートに書いてきた関係図が，問題追究の共有化と焦点化をもたらすと考えたからである）。

「私は〈見学〉だと思うんだけど……」『見学？　もしよかったらそのノートをみんなに映してみてくれる？』（Ｌ子が書画カメラにノートを映す。Ｈ男が出てきて操作を手伝う。教師の方を向いて話そうとするのでみんなの方を向かせる）「まちの人たちに見学させて，そうして，牛乳やアイスとかも食べてもらって理解してくれたから続けられた」『理解ってわかる？』「わかってくれる」『わかってくれると言うことだよね。何をわかってもらえたの？　じゃあ，いったんバトンタッチするよ，はい，Ｍ子』「その勝さんのやっている牧場の仕事は大変なこととか，みんなが牛乳とかを飲んだりするためにやっていることとか」「まちの人が，勝さんのがん

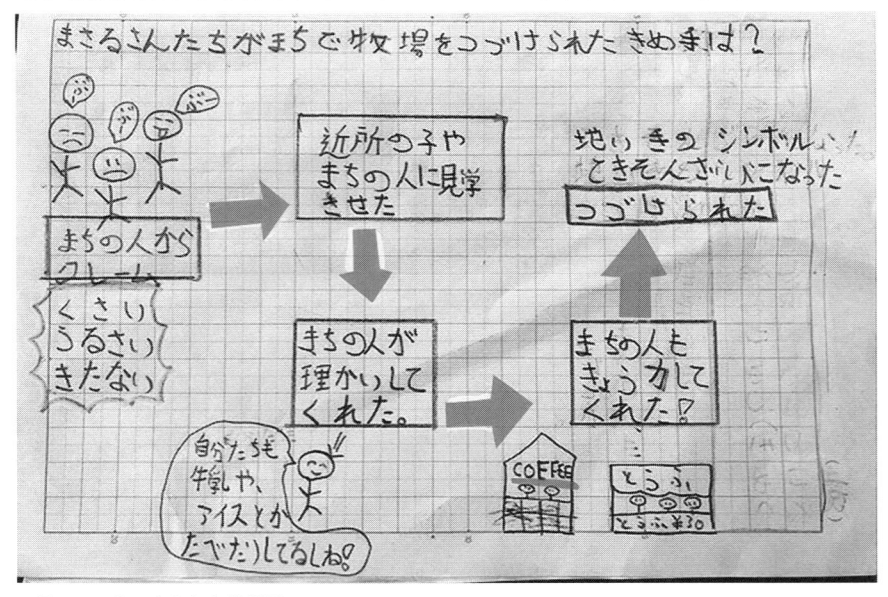

Ｌ子のノートに書かれた関係図

ばりを理解してくれた」。

　『勝さんが〈がんばったこと〉をわかってくれた。（板書）はい，それで（L
子に発言をもどす）まだ続くんでしょう，その〈双六〉は。まちの人が理解し
てくれた。そしたら次はどこへいくんだ，あの指示棒を持ってくればよかった
な。あの棒はどこにあるんだ」「（N子）指差し棒，私が教室から持ってくる！」
『N子頼むよ。帰って来るんだよ〜』。

　「（L子）まちの人がわかってくれたら，
まちの人が協力してくれた」『ああ，そ
うしたら協力してくれたの。まちの人が
協力してくれた。そして続けられたと書
いてあるけど，協力してくれたことって
何だろう？　（子どもたちの手があがる。
教師がL子に向かって）L子はわかって
いると思うけど，この子だったら協力してくれたことを言えそうだと思う人を
指名して』（まちの人の写真の近くに〈協力してくれた〉と板書する。L子は
O子を指名する）「近くの喫茶店が，コーヒー豆のしぼりかすとかをくれた」
『OK？』「うん」『近くの喫茶店がコーヒー豆のしぼりかす（コーヒー豆のし
ぼりかすとおからをみんなに見せて），これ（おから）は誰がつくったの？』「と
うふやさん」『このコーヒー豆のしぼりかすは何に使うの？』「消臭」（ここで
N子が指示棒を持って帰ってくる）『じゃあ，この
黒板でいったら，コーヒー豆のしぼりかすはどこに
使われていますか？　いっせいのせ！　まちの人は
このビーム（青色のチョーク）にするか？　コーヒ
ー豆のしぼりかすの写真からどこまで行くんだ？
おからは？』「おとうふやさん」『何に使うの？』「え
さ」（教師はまちの人の写真からコーヒー豆のしぼ
りかすやおから，そして牛がうんちをしていると
ころやえさを食べているところと線でつなぐ）。

『〈双六〉はまだ続くね。双六のゴールは何？　みなさん，L子の〈双六〉のゴールを指してください，いっせいのせ！　では，言ってください』「(L子)つづけられた」『そこに何と書いてあるの？』「〈地いきのシンボルてきそんざいになった〉と」『なんだろう，そのシンボル的存在というのは？』(子どもたちは「my辞書」で調べ始める)『これってどこに書いてあったの？』「(L子が書画カメラの面面を変える)小泉牧場の入るところの看板。看板にシンボルと書いてあった」『地域って何だろう？』「このまち」『このまち，まちのシンボルになったんだ。シンボルって何だろう？　P子どうぞ』「(「my辞書」を読む)しょうちょう。鳩は平和のシンボルだ」「鳩？」『ちょっと待った，今のでシンボルってわかった人？』(子どもたちの手があがる)『うそ，そんなにわかるのか？　まだ他の辞書もある，はいどうぞ』「(J男)目に見えないことがらや考えなどを，目で見てわかるように表したもの」(「わいわいがやがや」)。

『小泉牧場がまちのシンボルなんだって，どういうことなんだろう？　Q子』「(Q子)その地域の大切なものと言ったらおかしいかもしれないけど……」『大切なもの，なるほど。はい，つけたし，E男』「練馬区っていったら小泉牧場っしょ！」『練馬区っていったら小泉牧場っしょ！』「(R男)石神井公園っしょ！」(教師は〈まちのシンボル〉〈ねりま区って言ったら小泉牧場しょ！〉と板書する)「(R男)練馬区の有名な場所」。

『ストップ，ほんとに有名なのかい？　練馬区民のF子，練馬区で小泉牧場って有名ですか？　ちょっとその証拠ある？』(F子は前に出て来て，「練馬区観光ガイドマップ」を書画カメラに映す)。

　「自分のまち探検で調べたときも，練馬区
役所の人全部が小泉牧場のことを知ってい
た」『全員が知っていた？　その今出してい
る資料は何？』「(F子は練馬区のガイドブッ
クの小泉牧場の案内について読む)〈小泉牧
場は昭和10（1935）年開業の23区唯一の牧
場です。現在は約40頭の乳牛を飼育してい

ます。小泉牧場で採れた，搾りたてのミルクで作ったアイスクリームはとても
人気があります〉だって。そして，〈観光スポットとなっている〉」(教師は〈23
区でただ一つの牧場〉と板書する)『〈観光スポット〉なんだ』「(S子)同じこ
とを書いたよ！」『じゃあ，S子つけたして』(S子が自分の資料を書画カメラ
に映して，指示棒で指しながら〈練馬区の観光名所ともなり，多くの区民が知
る存在となっている〉と読む。教師は〈かん光名所〉と板書する)。

　『(板書を指しながら)くさい，うるさい，きたないとか，言われていたの
が，こういうふうに(まちのシンボルの部分を指して)なっちゃったんだけど，
〈きめて〉はズバリ何なんだ？　まだある？　T男どうぞ』「僕は，見学だと
思うけど，小学生を見学させてあげたから，その見学しているところをまちの
人が見て，まちの人が牧場のことを理解してクレームが減ってきた……。だか
ら，見学だと思う」。

　『まちの人が見学したら，牧場の
仕事とか牛のことをまちの人もわ
かってくれたということか。まちの
人がわかってくれたらクレームは
減るのかな？　そこのところはど
うかな。言えそうな人いる？　(教
師は子どもたちの座席の中に入っ

て)まちの人が牧場の仕事や牛のことを見たら，クレームが減るとT男は言
うんだけど，減りそう？　U子』「まちの人が見学して，勝さんが，がんばっ

ていることを知ればクレームが減ると思うんだけど。なぜなら，がんばっている人にみんなクレームを言わないと思う」「あ〜あ」（子どもたちの感嘆の声）。

『あ〜あ，がんばっている勝さんを，まちの人が応援したくなるということ？』「だから，文句は言わないと思うし，がんばっている人には意地悪しない」『あ〜そうか，〈牧場のおうえん団〉（板書する）になったんだね』「クレーム軍団！」『クレーム軍団，軍団とか言うのは変だけど，クレームをしていたのに，これに（＝牧場のおうえん団）変わってきたの？　で，応援団は，勝さんの方に何かしてくれた？』「協力してくれた！」『じゃあ教えてよ。Ｖ子』「コーヒー豆のしぼりかすとおからのしぼりかすと（Ｓ子を指名）」「（Ｓ子）他にもアイスミルク」『えっ，アイスミルクも牧場の応援団？　まちの人たちからの（板書の）矢印に入れちゃうって言うんだけど……。「えっ」ていう顔をしている子もいるし納得している顔の子もいるね。Ｓ子どうする？　先に周りの子に意見を聞いてから言う？　それとも自分から言っちゃう？』「先に聞いてから（と言ってＳ子はＷ子を指名する）」「（Ｗ子）まちの人が〈アイスミルクを出したらどうですか〉と言ってくれたから，もしも応援してなかったら，案を出してくれなかったと思う」「（Ｓ子）Ｗ子と同じ。まちの学校の先生が〈小泉牧場のオリジナルなものをつくったらどうですか〉と言って，それは多分，〈牧場のおうえん団〉に入っているんじゃないか（『つけたし』と言っているＴ男を指名する）」「（Ｔ男）さっき，みんなが言ってた協力してくれたの真逆で，逆に勝さんたちが，まちの人に協力したから……」。

『まちの人に，ストップ。どういう矢印，どっち方向？』「勝さんから，え

さの残りを渡して肥料にした」『えさの残りを肥料にしたということは，ここから，ここのえさの残りをどこまでつなげればいいんだ？　指差し，いっせいのせ！』（子どもたちは「あの人」「練馬大根」と指差す）『まちの人のところ，練馬大根の人まで（黄色いチ

ョークで結ぶ）こういうこと？』「うん，
それで逆に協力してくれて，〈あっ，い
い人だ〉と思えたんだと思う」『勝さん
をそうさせたのは何？』「逆に協力して
くれたまちの人……」「恩返し！」。

　『恩返し，〈まちの人たちへのおんが
えし〉（板書する）。まちの人が最初だっ
たの？』「いや，だってさ，最初にクレームだったじゃん，まちの人は」『最初
に行動したのは誰？』「勝さん！」『勝さんが先にがんばったんだよね。それで
まちの人たちはがんばりを認めてくれて協力してくれて，またこうなったんだ
よな（板書の左から右へと手を動かす）』（中略）。

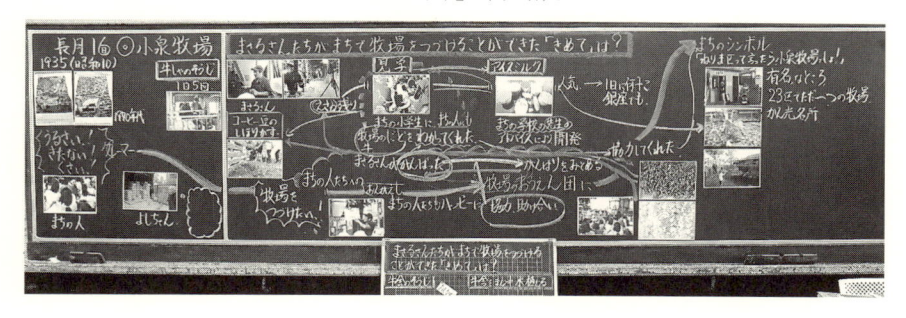

　『まちの人たちへの恩返しだけでなく，牧場を続けられたら勝さん自身もハ
ッピーになるでしょう。でも，まちの人たちもクレームを言わないようにした
ら，まちの人たちもハッピーになるということかな。さて，時間が来てしまった』
「先生早くない？」「1時間もやってない！」『じゃね，ちょっと黒板を見てく
ださい。〈きめて〉なんだけど……』「（A男）〈きめて〉ってさあ，どれが〈き
めて〉って言えなくない？」「（U子）考えたことだから，いっぱい考えたんだ
から！」『なるほど，じゃあ今日は，新しいことをいっぱい考えたということ
だけど，牧場を続けられることができた〈きめて〉を考えてきたんだけど，き
められない人もいるんだね……。でも，自分がこの黒板で一番大事だなあと思
っているところはどこ？』「（D男）これが全部あったから続けられたんじゃな

「い！」『全部あったから続けられたと言ったのであれば，一番大切なところはどの辺か話をしてくれる？（うなずいていたＹ子を指名する）』。

　「……一番大切な〈きめて〉は〈見学〉だと思う。見学を受けることで，まちの人と仲良くなって，〈アイスミルク〉も考えてもらって，〈コーヒー豆のしぼりかす〉とかそうじに使ったりするものをもらうようになったから，見学と全部，〈つながっている〉」『見学するということは，誰が言い出したんだろうね？　Ｚ子』。

　「まちの小学校の先生から〈お願いします〉って」『まちの人たちから来た，それにこたえた。（黒板の板書をつなげながら）こう来て，こう来て，やっぱり，こういうところか，見学から始まったということ。このど真ん中の矢印って（黒板の下の真ん中の板書の「まさるさんががんばった→　←がんばりをみとめる」

という相互連関の矢印），何て言えばいいんだろうね？』「助け合い！」「協力！」（板書する）『このときは（＝クレームの板書部分），助け合いはあったの？』「なかった」『なかったんだよね，そうだよね，通じ合わなかったんだよね。こういうことができるようになったから（協力，助け合いを囲み，相互連関の矢印のところへ線を引く）というのがきめてなのかな？……』。

⑷　本時を振り返り，次時への見通しをもつ

　『来週の金曜日，勝さん本人に会えるんだけど……』「えっ」『先生が小泉牧

場に打ち合わせに行く日なんだけど。今日の振り返りは，〈まさるさんへ〉と言う書き出しでどうでしょうか？』「先生，（今日の学習問題のこと）聞いちゃうの？」『聞いちゃダメか？』「まだ終われてない！」「いやだ！」「まだ聞かないで！」。

　『今度の金曜日に，もうぶっちゃけ，正直，勝さんに気持ちを聞きたい人？』（10人くらいの手があがる）『いやいやまだ考えたい？』（20人くらいの手があがる）『わかりました。〈まさるさんへ〉の振り返りをよろしくお願いします。いいですか？』「はい」。

　「よい姿勢をしてください。これで1時間目の社会を終わります」「ありがとうございました」。

■本単元に見られる「深い学び」の姿

　本時において，「小泉牧場が練馬区の観光名所になっている」という事

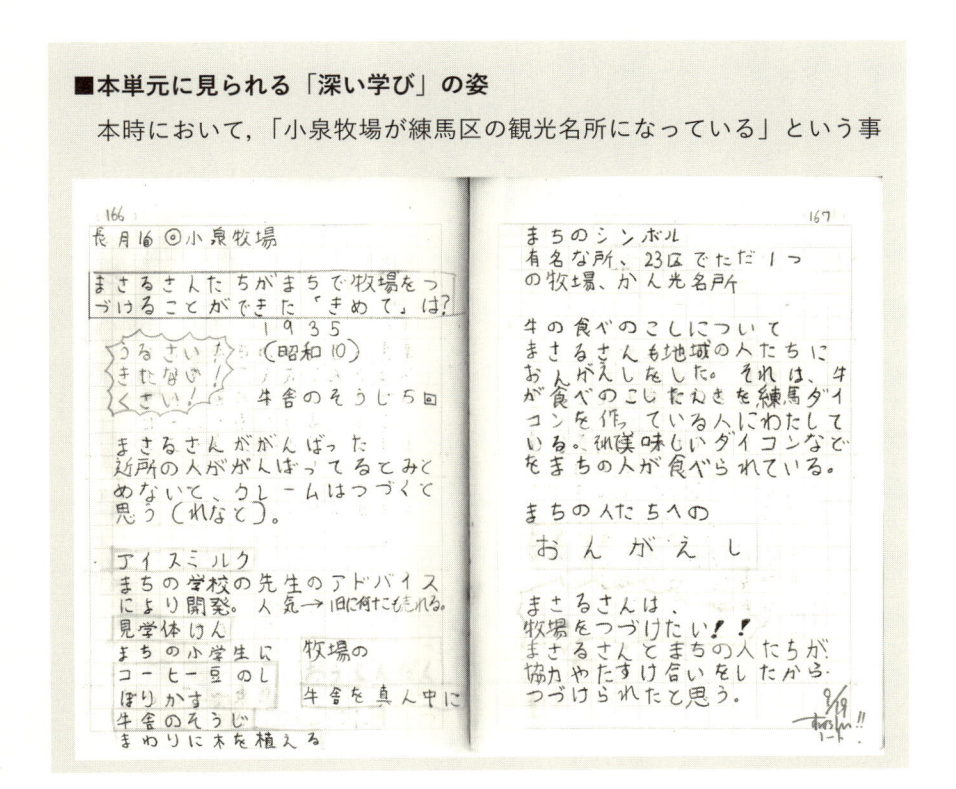

実を提示したＳ子の本時のノート，そして「まさるさんへ」という書き出しで始まる振り返りを紹介したい。話し合いや板書をもとに，酪農家や地域住民の双方の努力や工夫，協力についても多角的に問題追究している様子が見てとれる。

まさるさんへ

　まさるさん，こんにちは。むかしは，まちの人たちからクレームがあったけれども，今では，まちの人たちが協力してくれているそうですね。コーヒー豆のしぼりかすをもらってにおい消しにしたり，おからをもらってえさにしたり，<u>応えん</u>してもらっていますね。

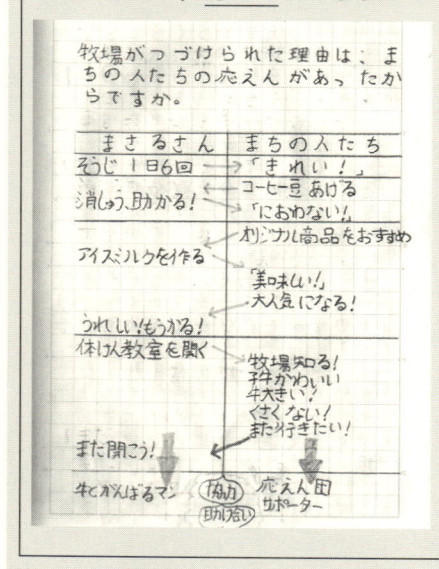

　まさるさんは，まちの農家の人に，みんなが美味しい野菜や果物を食べられるように，牛のえさの食べのこしもあげているそうですね。これなら牧場もまちの人も「<u>ウインウイン</u>」ですね。今まで，<u>まさるさんのがんばりがあったからまちの人が牧場のよさをわかってくれたのだと思います。</u>

　牧場がつづけられた理由は，<u>まちの人たちの応えんがあったからですか。</u>

（下線筆者）

　本時が終了し，５度目の社会科見学の後，「命」をテーマに「総合活動」としても「学習」を進めていった。そして先述のごとく，学んだことをもとに，みんなで劇をつくって，23区唯一の牧場〈小泉牧場〉の物語を伝える「学び」に発展していった。
　劇は，「創立記念式典」，「筑波小中高大社会科授業研究会」，そして「小

泉勝さんを呼んでのお餅つきパーティー」と 3 回も上演することとなった。

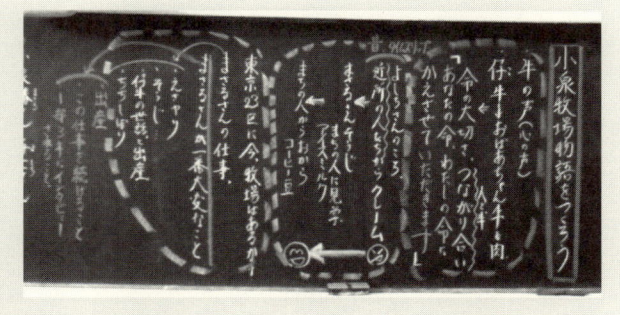

　以下，U 子と C 男の「お別れ文集」（本校では 3 年生から 4 年生に上がるときのみクラス替えがある）の一部，そして，劇「小泉牧場物語」の台本を紹介する。

U 子の「お別れ文集」の一部

　私たち一部三年は創立記念式典で，げき「小泉牧場物語」を上えんしました。このげきがたん生したきっかけは，社会の授業で学び，何度も現地へ行ったからです。一番最初に先生から，「東京 23 区に牧場は，あると思いますか？」と聞かれた時は，正直，よく分かりませんでした。心の中では，「東京は都会だからないかな」という気もちと「自分が知らないだけで，どこかにあるんじゃないかな」という二つの気もちがありました。みんなで調べたり，話し合ったりした結果，練馬区の大泉学園駅に 44 頭の牛を育てている 23 区でたった一つの牧場「小泉牧場」を発見したのです。私は 23 区もの数があるのに，その中にたった一つしか牧場がないことにおどろきました。

　はじめて小泉牧場に行った時は，たくさんの発見がありました。牛の大きさ，鳴き声，子牛のかわいさ，牛舎の大きさや，牛舎に屋根があること，おどろくことばかりでした。その中でも一番おどろいたことは，牧場の周りに家がいっぱいあるということです。なぜなら，「公園のように広く，草がいっぱいある所に，牛ははなしがいされている」というのが私の牧場のイメージだったからです。その後もクラス全員でたくさん調べ，発表しあい，その間に牧場へ何度も行きました。牧場に行ったことで，「命

をいただく」ということの意味も知りました。授業が進むごとに，クラス全員が「牛はかせ」になっていきました。

　げきの台本は，みんなで考えました。<u>自分たちが学んできたことだから，一つ一つのセリフに，みんなの気もちがこめられてます。</u>私は，クレームを言う町の人の役でした。子どもたちがタイムスリップして，昭和の時代に来てしまい，昔，問題になっていた「町の人からのクレーム」という場面です。<u>私はまちの人たちが小泉牧場のにおいや鳴き声の理由をりかいして，しぼりたてのアイスミルクをつくることをすすめたあとに，「チョコチップとか，まっ茶味とかいろんな味があるとうれしいわ」というセリフに力を入れました。牧場に文句を言っていた人がおうえんしてくれる人にかわる場面だからです。</u>

　本番は，きんちょうしたけれど，想ぞうしていたよりも，ずっとすばらしい「小泉牧場物語」ができあがりました。このせいこうは，クラス全員の気もちが一つになったからだと思います。

（下線筆者）

C男の「お別れ文集」の一部

　モォー！牛の声が聞こえています。牧場ではあたり前のことだけど，ここは，筑波大学附属小学校の講堂です。舞台には，牧場の写真がプロジェクターでうつし出されていて，大きなホルスタインの牛の絵がおいてあります。この日は，筑波大学附属小学校の創立記念式典で，ぼくたち1部3年由井薗学級は「小泉牧場物語」というげきをしました。

　小泉牧場は，練馬区大泉学園にある，東京23区でたったひとつだけの牧場です。ぼくたちは，5月から11月までに5回ほど見学に行き学習し

てきたことをげきにしました。ぼくたちに，いろいろ教えてくれたのは，小泉牧場三代目の小泉勝さんです。昔は，牧場のまわりには何もなかったのに，どんどん町ができてきて「くさい」とか，牛の鳴き声が「うるさい！」とクレームがくるようになり二代目の與七さんはこまったそうです。そうじの回数をふやしたり，コーヒー豆のしぼりかすをまいてニオイ消しにしたりしました。町の人や子どもたちには，牧場を見てもらう見学会をひらいたり，しぼりたての牛乳でアイスミルクを作ったりして町の人たちにわかってもらい，よろこんでもらったことで，84 年も牧場を続けることができました。

　牛のこともたくさんわかりました。一日に 5 回のエサやり，30 キロのうんちをして，50 リットルのおしっこをすること。それから，牛も人間と同じで出産して，はじめて牛乳がでます。でも，牛乳が出なくなったおばあさん牛は，食肉にするために牧場を出ていかなければならなくなります。

　ぼくは，小泉牧場物語で勝さん役をやりました。自分たちで，見て聞いて調べた事をたくさん話し合って台本を作りました。勝さんのセリフに「"あなたがたの命，わたしの命にかえさせて，いただきます"，このことを感じて，"いただきます"

> あなたがたの
> 「いのち」
> わたしの
> 「いのち」に
> かえさせて
> 「いただきます」

を言ってほしいな」というところがあります。ぼくは命を育てる事が牧場で一番大へんな仕事だと思います。人間は，牛から牛乳や牛肉として命をもらって生きています。大事な命をもらって生きているから，毎日食事ができることは，あたりまえではないということを，げきを見てくれた人たちにつたえることができたらうれしいです。ぼくは，食事の前に，家族だけでなく食べ物にも「ありがとう」の気もちをもって「いただきます」と言いたいです。

（下線筆者）

Ⅰの場面（小泉牧場とは〜 23 区ただ一つの牧場とその仕事〜）

ナレーター1「みなさん，牧場って知っていますか？たくさんの牛が牧草を食べていて，その乳をしぼって牛乳やアイスが作られます」

ナレーター2「そんな牧場が，私たちの住んでいる東京 23 区にもあると思いますか？」

子ども1「あるわけないよ。東京は〈都会〉だもん。牧場なんかあるわけないよ」

子ども2「いや，意外とあるんじゃないかな。ネットで調べたら〈みやもと牧場目黒店〉っていうのがあったよ」

子ども1「それ，黒毛和牛食べ放題のお店の名前だよ（｀＿´）」

子ども2「ガーン（°◇°）」

ナレーター1「23 区に牧場はないと思う人？」

ナレーター2「あると思う人？」

ナレーター1「私たち1部3年は，23 区に牧場があるのか調べてみました」

ナレーター2「すると，たった一つだけ，練馬区の大泉学園に 44 頭の牛のいる本物の牧場があったのです」

ナレーター1「その牧場は小泉牧場といい，今年で 84 年目になります。今は三代目の小泉勝さんが仕事を続けています」

ナレーター2「私たち1部3年は，この小泉牧場について5月からずっと学習してきました」

ナレーター1「今日は，学習してきたことを劇にして発表します」

ナレーター2「それでは，小泉牧場物語，始まり！始まり〜！」

子ども3（上手より出てくる）「うわ〜こんなに家が建っているところに本当に牧場がある」

子ども4「これはえさを入れておくタンクかな…」

子ども5「くんくん（みんなで）なんか，におうな〜」

子ども6「あ，でも，あそこにかわいい赤ちゃん牛がつながれている」

子ども7「か〜わいい〜，うわ〜ベロが出てきた。手がすいこまれる〜」

子ども6「か〜わいい♡　お母さんのおっぱいだと思っているんだ」

子ども3「お母さん牛おっきーい。おっ，おっぱいも大きいー」

子ども4「うわー，おしっこしたー！」

子ども5「うわー，うんこしたー！」

子どもたち「うわ〜！」（走り回る）

勝さん「こらー！」（子どもたち正面を向いて整列する）

勝さん「ここは，小泉牧場。おじさんの〈仕事場〉だ。だから，走ったらダメだ」

子ども2「ごめんなさい」

勝さん「牛は体は大きくても，おくびょうな動物だからな。だからうるさくしたら，おこっちゃうぞ」（とたん，「もーもー」牛の大ブーイング。こわがる子どもたち）

勝さん「おじさんは，小泉勝。小泉牧場三代目だ」

子ども3「なんだかこわいおじさんだね」

子ども4「そんなことないよ。牛さんたちのことを考えているんだよ」

勝さん「初代の藤八じいさんが，岩手からここに引っ越して牧場を始めてから今年で84年たつ」

子ども1「えー，なんでわざわざ都会の東京に引っ越してきたの？」

勝さん「昔は，牛乳を飲みたかったら，みんな牧場に行ってたんだよ。牧場が牛乳屋さんだったんだ」

與七さん（下手から，よたよた歩きながら）「そうじゃ。だから，東京23区にそのころには牧場が120こもあったんじゃよ」

子どもたち「えーっ！」

勝さん「あ，これはうちの親父。二代目だったけど，今は引退している」

與七さん「そう。ふ〜（ため息ついて）。今では，東京23区で牧場は，この小泉牧場ただ一つになってしまった」

子ども5「でも，今でもこの牧場は続いていますね。もしよかったら，牛のいる牛舎を見学させてくれませんか？」

子ども6「赤ちゃん牛にも，さわらせてくれませんか？」

子ども7「師匠，お願いします！」

子どもたち「お願いします！」

與七さん「ふふふ，師匠だなんて，かわいいのう」

勝さん「このまちの子どもじゃないけど，しょうがないか。いいか，ちゃんと消毒してから入らないとダメだぞ」

子ども7「なんでですか？師匠！」

勝さん「バイキンが入ると牛が病気になるからだよ」（子どもたち手を消毒）

與七さん「他の牛に病気がうつって，牛が全滅しちゃったところもあったのう」

子どもたち「え〜！」

勝さん「はい，この中に足を入れてきゅっきゅっきゅっと消毒」

（子どもたち続いて牛舎に入る。見学している）

ナレーター1「こうして，私たちは5月から11月までに5回ほど牧場見学をしました」

ナレーター2「見学と見学の間には，わからないことを自分たちで調べたり話し
　　　合ったりしました」
ナレーター1「最初は大きくてこわかったお母さん牛にもさわれるようになりま
　　　した」

ナレーター2「そしてついにちちしぼ
　　　りもできるようになったのです。
　　　しぼりたてのおちち，おいしか
　　　ったな～！」（子どもたちはちち
　　　しぼりをしている。外で，子ど
　　　も6，7が赤ちゃん牛と遊んでい
　　　る）
與七さん「ほほ～上手だね。おいし
　　　いかね」

子ども3「おいしい！」
勝さん「その赤ちゃん牛はね，5日前に産まれたんだ。あっちには3日前に産ま
　　　れた赤ちゃん牛がいるよ。あとこっちのお母さん牛はおなかに赤ちゃんが
　　　いてね。あと少しで産まれるんだ。本当に楽しみだね。わくわくしちゃう」
子ども1（ちちしぼりを終えて）「へ～，いっぱい産まれるんだな～」
勝さん「そうだよ。だって牛のおちちは，赤ちゃんが産まれないと出ないんだよ。
　　　人間のお母さんもそうでしょ」（子どもたちうなずく）
與七さん「ほーれ，うちは，〈とうきょう牛乳〉だけじゃなくて，〈しぼりたて
　　　アイスミルク〉もつくっているんじゃ。味も7しゅるいある。食べて行き
　　　なさい」
子どもたち「やったー！」「わーい」，「おいしいね」（みんなで食べている。ニ
　　　コニコしてみている勝さんに子ども2が近づく）
子ども2「（師匠の方を向いて）師匠，質問です。師匠が一番大変なことって何
　　　ですか？」（子どもたちも気づき，食べているふりをしながらそちらに注目）
勝さん「おお～！これはむずかしいな…。でも，とってもいい質問だ。何だと
　　　思う?!」（子どもたちまわりをきょろきょろしながら考える）
子ども3（ちちしぼり）「一番大変なことは，1日2回のちちしぼりだと思うよ。
　　　だって，ここをきちんとやらないと，牛が『乳房炎（にゅうぼうえん）』と
　　　いう病気になっちゃう」
子ども4（えさやり）「えさやりだと思うよ。一日に7回もえさやりしている。
　　　それに44頭全部にそれぞれちがうえさをあげなきゃいけないんだって」
子ども5（そうじ）「1日5回もするそうじだと思う。だって，牛一頭は1日30

　　　キロのうんこをするし，おしっこは一日50リットル。44頭を合計すると
　　　2200リットル。一日でペットボトル110個分おしっこするんだよ」
子ども6（赤ちゃん牛のお世話）「赤ちゃん牛のお世話だよ。産まれてからすぐ
　　　にお母さん牛からはなさないと，ずっとなき続けて近所めいわくになっち
　　　ゃう（赤ちゃん牛用の大きなほにゅびんをもって）」
子ども7（出産）「出産だよ。もししっぱいしたら赤ちゃん牛だけでなく，お母
　　　さん牛も死んじゃう」
勝さん「よく調べてきたね。おじさんビックリしたよ。でも一番大変なことは…，
　　　出産だな。（子どもたち『おお〜』）いつ赤ちゃん牛が産まれるかわからな
　　　いし。夜中でもいつでも，お母さん牛のお手伝いをしなくちゃいけないか
　　　らな。あとそれから…（牛の鳴き声「もーもーもーもー」）これはいかん！
　　　赤ちゃん牛が産まれる。まわりの牛たちが鳴いている。行かなくては！」（下
　　　手に走る）
子ども1「あっ待って！ぼくたちも手伝っていい？」（下手に走る）

Ⅱの場面（出産〜いのちをいただきます〜）
　（子どもたち上手から出てくる）
子ども10「見なれないトラックがとまっている」
子ども11「なんだろう。お母さん牛が乗っているよ」
子ども12「あ，行っちゃった」
勝さん（下手から出てくる）「あれはおばあさん牛だ」
子ども8「え，病気？病院に行くの？！」
子ども9「も，もしかして…！」
勝さん「牛さんはね。だれのためにおちちを出してくれるの？」
子ども10「人間？」
勝さん「ちがうな。本当は自分の赤ちゃん牛のためにお乳を出すんだよ」
子ども11「それを，ぼくたちがもらっているんだね」
勝さん「そうだよ。しかもね。牛乳は，お母さん牛の血からできているんだ」
子ども9「ひゃー」
子ども8「牛乳は白いのに」
勝さん「おどろいただろう。牛さんはね，自分の命をけずって牛乳を出してく
　　　れているんだ」
子ども10「命をけずる？」
勝さん「そう，自分の骨をけずって牛乳をつくり，それでもまたしぼられるから，
　　　今度は筋肉をけずって，またしぼられるから，最後は牛乳が出なくなって

しまって…」

子ども 11「どうなっちゃうの？」

勝さん「おばあさん牛になったら，おちちは出ないから…。お肉になるために，この牧場を出て行ってしまうんだ」

子どもたち「えっ」「そっか…」「えっ」（勝さんの方を見れなくなる…）

勝さん「食事の時に〈いただきます〉って言うだろ。食べ物は，ジャガイモもにんじんも，そしてお肉もみんな何かの命で，それを〈いただいて〉いるんだよ…。牛乳だって同じだよね。だから，〈あなたがたの命，私の命にかえさせていただきます〉ってことを感じて，〈いただきます〉って言ってほしいな」

子どもたち（勝さんの方を向いて）「…（ゆっくりうなずく）」

勝さん（気まずい雰囲気，その雰囲気を変えようとする勝さん）「あっそうだ。牛乳は，こんなものにもなるんだよ」

子ども 8「えっ，はんこ？」

子ども 9「ボタン？」

子ども 10「薬のカプセル？」

子ども 11「手術用の糸まで！」

勝さん「そう，お母さん牛が命がけで出した牛乳が，人の健康だけでなく，命を救うものにもなるんだよ」

子ども 9「すごーい！」

子ども 8「えへへ，師匠，まだ牛乳でつくられているもの，ありますよ～」

勝さん「えっなんだい？」

（子ども 8 上手に行ってみんなを呼ぶ。ひそひそ話した後，中央に行った勝さんをかこむ。「せーの」）

子どもたち「し～・ほ～・り～・た～・て～　アイスミルク！」

子ども 12「私たち人間を笑顔にさせてくれます」

勝さん「な～んだ。君たちは，あまいものに目がないな～。どうぞ」

子どもたち「やったー！（一斉にジャンプ）あっ！」（暗転）

Ⅲの場面（ピンチ解決～都会のど真ん中で 84 年続く小泉牧場～）

子どもたち（上手から出てくる）

子ども 13「あれ，なんだか，けしきが変だ」

子ども14「たしかに小泉牧場だけど…」（もー）

子ども15「木が小さくなっている！」（もー）

子ども16「も，もしかして！」

子どもたち「タイムスリップ？」

子ども17「あれ，なんだか騒がしい
　　よ」

まちの人1「小泉さん，あのにおい，
　　なんとかしてくださいよ！（上
　　手から）」

まちの人2「くさいんですよ！」

まちの人3「洗たく物にもにおいが
　　ついちゃうんざます」

まちの人4「牛のうんこやおしっこがきたないんだよ！」

若い小泉與七さん「す，すみません，でもしょうがないでしょう。生き物なん
　　だから出すもの出すでしょう」

子ども13「あ，あれ，二代目の與七さんじゃない?!」

子ども14「当たり前だけど若い」

まちの人5「ちゃんとそうじしているんですか〜」

まちの人6「牛の鳴き声が夜通しうるさくて，うちの赤ちゃん眠れないのよ」

まちの人7「うちの子は，うるさくて勉強がはかどらないって！」

（まちの人たちにかこまれ，ブーイングされる與七さん）

子ども15「どっちもかわいそうだね」

子ども16「でも，牧場だもん。しょうがないよ。あっ（與七さんを指さす）」

若い小泉與七さん「…，う〜，さっきからだまって聞いてりゃ〜，わしが何を
　　したというんじゃ！ほれ，この通り（航空写真指す），わしの牧場のまわり
　　には昔は何もなかったんだ。ところが，東京でオリンピックが終わってから，
　　どんどんまわりに家が建って…。あんたたちが，わしの牧場のまわりに家
　　を建てたんじゃろう！わしは悪くないぞ！出てけ〜！」（まちの人たち上手
　　へ逃げていく）

子ども17「あちゃ〜，たしかにそうかもしれないけど」

子ども13「あんなこと言ったら，まちの人たちとの仲がどんどん悪くなるよ」

子ども14「勝師匠は，まちの人と仲良くしないと牧場を続けられないって言っ
　　てたのに…」

若い小泉與七さん「…（うなだれている），どうしたらいいんじゃ。人の牧場を
　　まるで〈公害〉あつかいしおって…。おや，君たちは？」

子ども15「あ，ちょっと平成時代から来ました」

若い小泉與七さん「何？何だ？〈平成〉って。今は昭和60年。1985年じゃ。それにしても，まちのやつらのクレームには困ったもんじゃ。練馬区にある牧場もどんどんつぶれていってしまっておる。これでは，もうこの牧場も続けられんかも…」

子ども15「おじさん，そうじは一日何回やっているの？」

若い小泉與七さん「一日2回じゃ」

子ども16「すくな！三代目の勝師匠は一日5回はやってたぞ！」

子ども15「おじさん，そうじの回数を増やしたら？」

若い小泉與七さん「それもあるが…，まだ息子の勝も中学生で…」

子ども16「そっか。勝師匠はこの頃まだ中学生か」

子ども17「そう言えば，勝師匠は，コーヒー豆のしぼりかすをまいて，においを消すって言ってたぞ」

子ども13「おじさん，私は犬をかっているんだけど，お母さんがにおい消しにコーヒー豆のしぼりかすを使っていたよ」

子ども14「まちのコーヒー屋さんで，もらってきたら。どうせしぼりかすはゴミになるから，かえってまちの人に喜ばれるかもしれないよ」

若い小泉與七さん「なるほど。確かにそれはいいかもしれない。最近の若者は頭がいい」

子ども15「ぼくたちも手伝います！」

ナレーター1「こうしてそうじの回数を増やし，コーヒー豆のしぼりかすをまいて何日かたちました」（與七さんや子どもたちはそうじやコーヒー豆のしぼりかすをまく）

まちの人1（上手から出てくる）「なんだか気のせいかにおいが減っているような…」

まちの人2「くんくんくん。たしかに」

まちの人3「ま，牛舎が清潔になっているざます」

まちの人4「なんだか，がんばっているみたいだな」

子ども13「やったー，なんだか少しまちの人たちの見る目が変わってきたよ」

子ども14「努力が伝わったのかな」

子ども15「まずは，〈におい取り作戦〉成功だ！」

子ども16「與七さん，今度はまちの人に，牧場見学をさせてあげるってのはどうかな?！」

若い小泉與七さん「ま，まちの人たちをか?！」

子ども17「そうだよ。私たちも牧場で與七さんのお手伝いをしていて，牛や牧

　　場のことがよくわかったから」

子ども13「そうすれば，なんで牧場は，においがするとか」

子ども14「なんで牛が，もーもー鳴くとか」

子ども15「まちの人たちに，わかってもらえると思うんだよ」

若い小泉與七さん「た，たしかに。さっそく実行じゃ！」

ナレーター2「こうして，まちの人にむけて牧場見学会をひらくようになったの
　　です。すると…」（まちの人たち上手から全員出てくる）

まちの人5「おお，こんなにたくさんの牛がいる」

まちの人6「まぁ赤ちゃん牛がかわいいわね」（めー，もーもー）

まちの人7「あ，うんこした。あんなにたくさん」

子ども16「一頭1日30キロもうんこするんです」

まちの人3「でも，ちゃんとすぐにそうじをしているざます。ステキざます」

まちの人1「だから，においがしたり，鳴き声が聞こえたりしたんだな」

まちの人2「でも，都会のこのまちに，牧場があるってちょっとすてきかも」

若い小泉與七さん「ほ，本当ですか?!」

まちの人4「もしよかったら，まちの人がもっと牧場に来たくなるように，しぼ
　　りたての牛乳で，〈アイスミルク〉なんてものを作ってみれば？」

まちの人5「そう，それきっと人気が出ると思いますよ」

まちの人6「チョコチップとかまっ茶味とか，いろいろなしゅるいがあるとうれ
　　しいわ」

まちの人7「小泉さん，ぜひ，作ってくださいよ。まちの自まんになります！」（両
　　手で與七さんとあく手する）

若い小泉與七さん「あ，ありがとうございます。さっそくとりくんでみます！」（そ
　　れぞれ下手，上手による）

子ども17「そうか，〈アイスミルクってまちの人との協力で作られた〉ってネッ
　　トに書いてあったけど，まさにそのしゅん間を今，見てるんだね。かんげ
　　き！」

ナレーター2「数年後…」

若い小泉與七さん「ついにできました。小泉牧場しぼりたてアイスミルク。さ
　　あどうぞ！」

まちの人1（上手から）「まあ，おいしい！」

まちの人2「うまい！」

まちの人3「デリシャスざます」

まちの人4「さすがしぼりたてだ」

まちの人5「都会にいて，こんなぜいたくはないよ」

子ども 16「やったー！〈まちの人に牧場わかってもらう作戦〉も成功だ！」

子ども 17「これで牧場もまちの人も〈ウインウイン〉だね！」

若い小泉與七さん「君たちにもずいぶんお世話になったね。お礼に，このアイ
　　スミルクを食べてくれ」

子どもたち「えっ（顔を見合わせ）やったー！（一斉にジャンプ）あっ」（暗転）

子どもたち（下手から出てくる）

子ども 13「あ，今の時代にもどった」

子ども 14「たしかに小泉牧場だ（もー）」

子ども 15「木がもとどおり（もー）」

子ども 16「勝師匠！」

子どもたち（上手から出てきた小泉勝さんに向かって走る）

子ども 17「勝師匠，一番大変なことを聞いているとちゅうでいろいろなことが
　　あったんだけど…」

勝さん「そうだったな。出産も大変だけど，一番大変なことは…，この毎日の
　　仕事を続けるっていうこと。84 年続いてきたこの『小泉牧場』を続けるっ
　　てことだ」

子ども 13「日曜日でも休めないもんね」

子ども 14「出産も大変だよね」

勝さん「昨日，また赤ちゃん牛が産まれたよ。おじさん，今まで出会ってきたど
　　の牛にもちゃんと名前をつけてあげているんだ。どの牛も一生懸命，おち
　　ちを出して，ちゃんと生きていたっていう〈あかし〉を残したくて…。あ
　　なたがたの命，私の命にかえさせて…」

子どもたち「いただきます」

勝さん「そう，忘れないでな」

子どもたち「はい！」

子ども16「勝師匠は，どうしてこの23区で牧場を続けるの？」

子ども17「そうだよ，もっと広くて自然なところがあると思うんだけど…」

勝さん「おじさんは，大泉のまちやまちの人が好きなんだよ。おじさんになってからまちの人からクレームが来たことはない。今では，まちの人がえさになるとうふのしぼりかす，おからをタダで分けてくれるよ。それに，みんなが，牛や牧場や命のことを一生懸命学んで，感じてくれるのがうれしいんだよ」

子ども13「はい！（子どもたち，まちの人たち，全員出てくる）勝師匠！（……）ありがとうございました！」

全員「ありがとうございました！」

子ども「ジャガイモも」

子ども「ニンジンも」

子ども「お肉も」

子ども「みんな何かの命」

全員「何かの命」

子ども「私の命にかえさせていただきます」

全員「いただきます」

インタビューごっこ

　３年生の子どもたちは，足を使って動きまわりながら「体当たり」で調べることを好む。だから，調べる技能として「インタビュー（質問・メモ）」が最も身に付きやすい時期である。

　「インタビュー」とは，「自分たちの問題」を解決するという目的をもって，わざわざその人に「質問」し，「メモ」をとって，まとまりのある「情報」（具体的な事実）を得ることである。このような「インタビュー」という調べる技能は，実際に体験してみないとなかなか身に付かない。

　私は，事前に教室で「インタビューごっこ」という「ロールプレイ」をしてから，業間の調べ学習や社会科見学を行わせるようにしている。この「インタビューごっこ」のやり方は，有田和正氏（元筑波大学附属小学校教諭）から学んだ。

　まず，グループごとに，「どんなインタビューのやり方がよいか」，教科書で調べさせる。そして，調べたことをもとに，実際に「インタビューごっこ」をしながら，よりよいインタビューのやり方について話し合わせるのである。その後，実際に「インタビューごっこ」をグループごとにみんなの前で発表させる。他の見ている子どもたちもよくわかるし，自分たちのグループとの違いもよくわかるからである。

　「Ａ班は，〈筑波大学附属小の〇〇です。△△についてお聞きしたいのですが，今，お話してもよいですか？〉と，きちんと挨拶しているし，ちゃんとインタビューしたいことをはっきり言っている」。

　「Ｂ班は笑顔で聞いていて，とても感じがいい。これなら〈勝さん（小泉牧場三代目：本節参照）〉も思わず親切に教えてくれると思う」。

　「Ｃ班はちゃんとわからなかったら〈今のところがわからなかったのでもう一度教えてください〉と言っている。すごい！」。

　「Ｄ班は，最後に〈とてもよくわかりました。お忙しい中ありがとうございました〉ってきちんとお礼を言っているよ」『自分たちの思うような情報が手に入らないと，お礼もしないで帰る人も前にいたけどえらいね』（と言って確

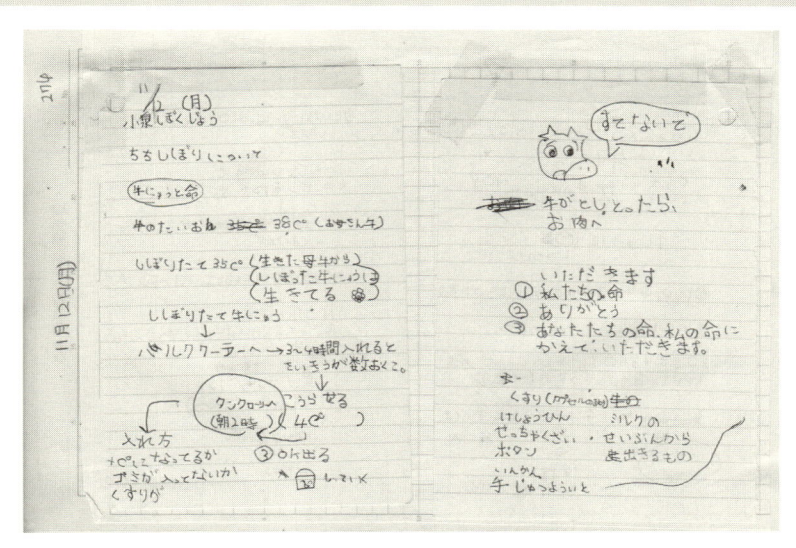

かめながら，教師は「どのようなインタビューのやり方がよいのか」について，ポイントを板書していく）。

　「（E班は自分たちのインタビュー中のメモを書画カメラを使って実際に見せた）E班は，聞いたことの大切なところだけをメモしているよ」「確かに。聞いたことを全部書こうとすると時間がかかり過ぎて，間に合わなくなっちゃったことがあった」「〈要点〉っていうんだよね」。

　このように，グループごとに実際に「インタビューごっこ」し合い，気付いたことを発表し合うという活動を通して，子どもたち自ら，「インタビュー」の技能を獲得していくことができるのである。子どもたちが納得し，しかも実行可能な方法を生み出していけるようにすることが大切である。

　いくら指導をしても，実行可能な方法でなければ，「子どものもの」にはならないのだから。

4

火事からまちを守る
~地域の安全を守る働き~

1 単元目標

◎身近な安全を守る働きについて，施設・設備などの配置，緊急時への備えや対応などに着目して，見学や調査をしたり資料などで調べたりして，関係機関や地域の人々の諸活動を捉え，相互の関連や従事する人々の働きを考え表現することを通して，消防署などの関係機関は，地域の安全を守るために相互に連携して緊急時に対処する体制をとっていることや，関係機関が地域の人々と協力して火災などの防止に努めていることを理解できるようにする。

○地域の安全を守る働きについて，学習問題の解決に向けて意欲的に追究し，地域の安全を守る働きについて学んだことをもとにして，地域や自分自身の安全を守るために自分にできることを考えようとしている。

※本単元における配慮事項

◇「緊急時に対処する体制をとっていること」と「防止に努めていること」については，火災と事故はいずれも取り上げること，その際にはどちらかに重点を置くなど効果的な指導を工夫すること（本実践では，「地域の安全を守る働き」全15時間中10時間を消防，5時間を警察に充て，消防の仕事に重点を置くことにし，消防の仕事の実践のみを紹介する）。

◇社会生活を営む上で大切な法やきまりについて扱うとともに，地域や自分自身の安全を守るために自分たちにできることを考えたり，選択・判断したりできるよう配慮すること。

2 「深い学び」を生み出す単元構想

　火災は3年生の子どもたちにとって決して身近な社会的事象ではない。本来ならば，恐ろしい火事から自分の身や自分たちのまちを守るということは，自分事として学習を進めることができるはずなのに，どこか他人事なのである。

　しかし，火事は，燃え広がる特性をもち，人々にとって大切な物を燃やすだけでなく，場合によっては大切な命も奪う。しかも，都内の年間発生件数を1日あたりに直すと，毎日10件以上の火事が起こっているのである。

　そこで，「実際の火事の映像」や「火が燃え移る時間」をもとに，火事の恐ろしさを実感させた上で，**「もし教室に近い理科室から出火したらどうすればよいのか？」**という問いを設定し，子どもたちの生活場所である学校が火事になったときに，自分たちは「どうすればよいのか」具体的に調べ，考えさせていく。火災という問題を，自分たちにとって関わりのある重要な問題だという

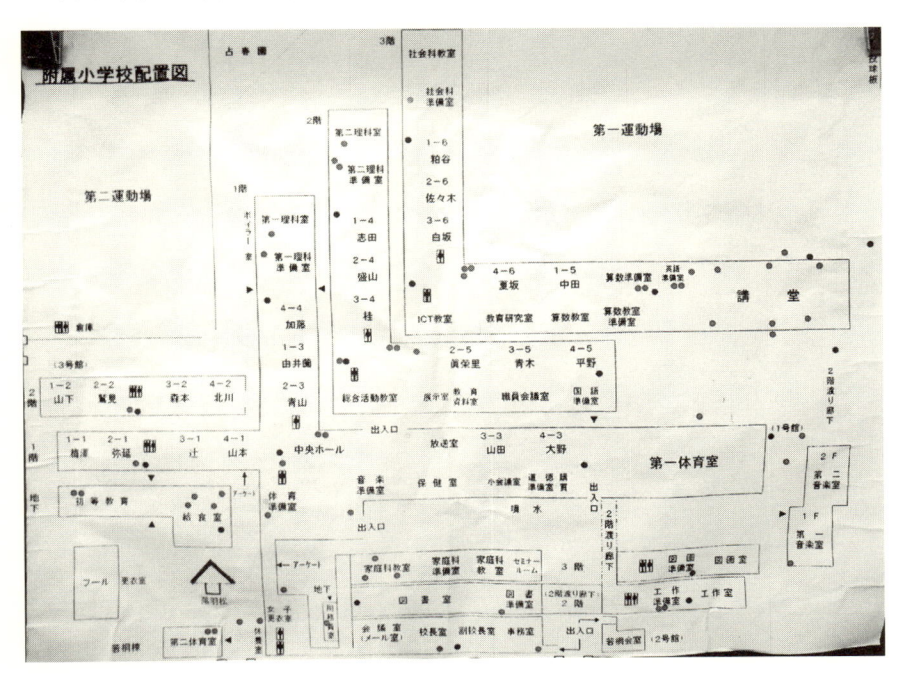

意識をもって学習に取り組むことができるようにするのである。

　このような単元の導入において，避難訓練の経験や119番通報の方法，学校の消火設備の作動や消火活動について話し合い，「学校での消防設備の配置の工夫」，「素早く出動し，消火活動を行う消防署の工夫や努力」，「火災を防止するための取り組み」などについての問いを子どもたちから引き出したい。

　学校の消防施設を調査する際には，班ごとに分担して行うようにする。消防設備の「消火栓」「消火器」「熱感知器」「煙感知器」「救助袋」などを色別シールで記入させていくと，完成した校舎図から計画的に配置されていることが浮かび上がってくる。子どもたちは学校のどこで火事が起きてもすぐに対応できるようになっていることや，日頃から学校が火災の防止に努めていることに感心するはずである。

　ところが，これだけ計画的に対策が行われていても，実際に火事が発生してしまうことがある。そこで，**「もし学校の理科室が火事になってしまったら，消防車はどれくらいの時間でとう着できるのか？」**という問いを設定し，学校

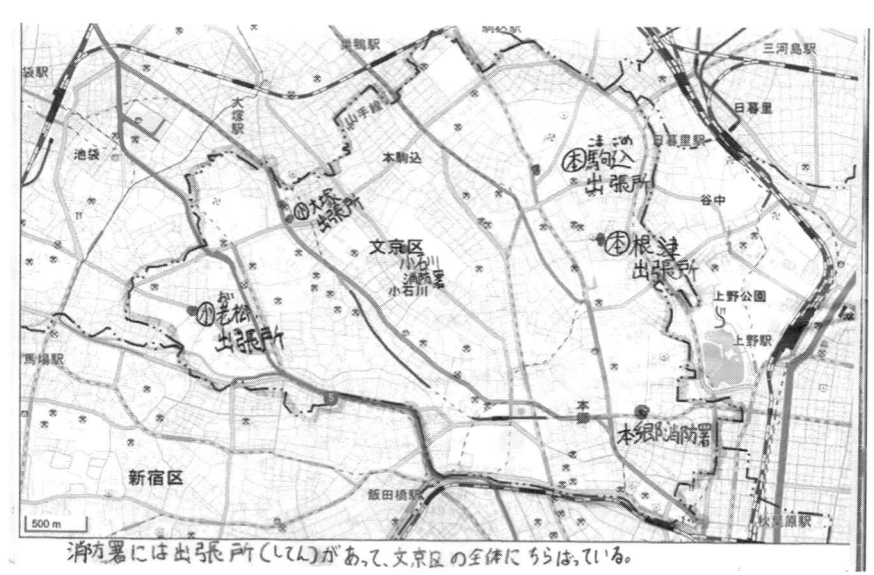

消防署には出張所（してん）があって，文京区の全体にちらばっている。

「なぜ文京区どこでも5分以内で消防車がとう着できるのか？」についてのA子のノート

から徒歩7分の場所に位置する大塚消防出張所からの時間や具体的なルートを考えさせたい。

　そして，消防士の方から，「学校だけでなく文京区どこの場所が火事になっても，5分以内で消防車が到着する」というこれまでの経験をくつがえす事実を伝えられることで，**「なぜ文京区どこでも5分以内で消防車がとう着できるのか？」**という「自分たちの問題」を成立させるのである（Ⅰ章2参照）。

　この問題を追究することを通して，消防士の方々の工夫や努力はもちろん，文京区内やその周辺の区の消防施設の配置の工夫，消防署を中心とした関係機関の活動について調べ，地域の安全を守るために緊急時に対処する体制をとっていることを実感的に理解させたい。

　さらに，この問題を追究していく過程で，地域の「消火栓」の位置についても関心を高めていくようにする。そこから，**「まちの消防せつびはどのようなものがあるのか？」**という問いを設定し，学校の消防設備の学習経験を生かして，地域の消防設備の調査も行う。子どもたちは，白地図に「消火栓」や「消防団の倉庫」の位置を表しながら，学校と同様に地域も火災の防止に努めていることに気付いていく。ここで，これまでの学習を想起させながら，「火災時に消防署は文京区内どこでも5分以内で消防車が到着するのに，消防団は出動するのに20分以上かかる」という驚きの事実を提示することで，**「消防団は本当に必要なのか？」**という「自分たちの問題」を成立させる。

　消防団は，会社員や自営業者，主婦など地域住民の志願で成り立つボランティア色の強い組織であり，江戸時代の「町火消し」がその起源とされる。全

国の消防団員の数は，消防士の約5倍にもなる。地域における消防防災のリーダーとして，平常時・非常時を問わずその地域に密着し，住民の安心と安全を守るという重要な役割を担っている。近年は，女性の消防団への参加も増加しており，特に一人暮らし高齢者宅への防火訪問，応急手当の普及指導などにおいて活躍している。

　「消防団は本当に必要なのか？」という「自分たちの問題」を追究していくことを通して，「まちの人たち（地域住民）」によって自分たちのまちの安全を守るという「消防団の仕事とその意義」について考えさせていきたい。それは，自分やまちを火災から防ぐためには，「消防署（公助）」だけでなく，まちの「消防団（共助）」，さらに「自分自身にできること（自助）」までもが必要なのだという気付きにつながる。この気付きをもとに，単元終末には，「自分やまちを火災から守るために自分が一番大切だと思うこと」について選択・判断する活動を設定する。

　本単元において，自分やまちを災害から守ること，つまり，みんなが幸せになるために「どうすればよいのか」，まさに，自分の「生き方」を問い続けるためのきっかけをつくりたい。

3 単元の実際 （全10時間）

⑴　実際に起きた学校近くの火災の現場の様子から，火災発生時の対処方法や火災に備える学校の消防施設について調べる（3時間）

　単元前の「まち探検」のとき，大塚消防出張所を見学している（総合活動2時間）。

「もし教室に近い理科室から出火したらどうすればよいのか？」

「学校にはどのような消防せつびがあるのか？」

「なぜ学校の消防せつびがその場所にあるのか？」

⑵　火災が発生したときの消防署を中心とした関係諸機関の働きについ
　　て調べることを通して，相互に連携して緊急に対処する体制について
　　考える（3時間）

「もし学校の理科室が火事になってしまったら，消防車はどれくらいの時間で
とう着できるのか？」

「なぜ文京区のどこでも5分以内で消防車がとう着できるのか？」（Ⅰ章2参
照）

⑶　地域の消防施設や消防団について調べることを通して，消防署だけ
　　でなく地域の人たちも火災の防止に努めていることを知るとともに，
　　自分たちにもできることについて考える（3時間）〔本時3/3〕

「まちの消防せつびはどのようなものがあるのか？」

「消防団は本当に必要なのか？」（「本時の実際」参照）

⑷　自分やまちを火災から守るために自分が一番大切だと思うことを考え，その理由を話し合い，標語やポスターなどにまとめる（1時間）

「火事からまちを守るために一番大切だと思うことは何か？」

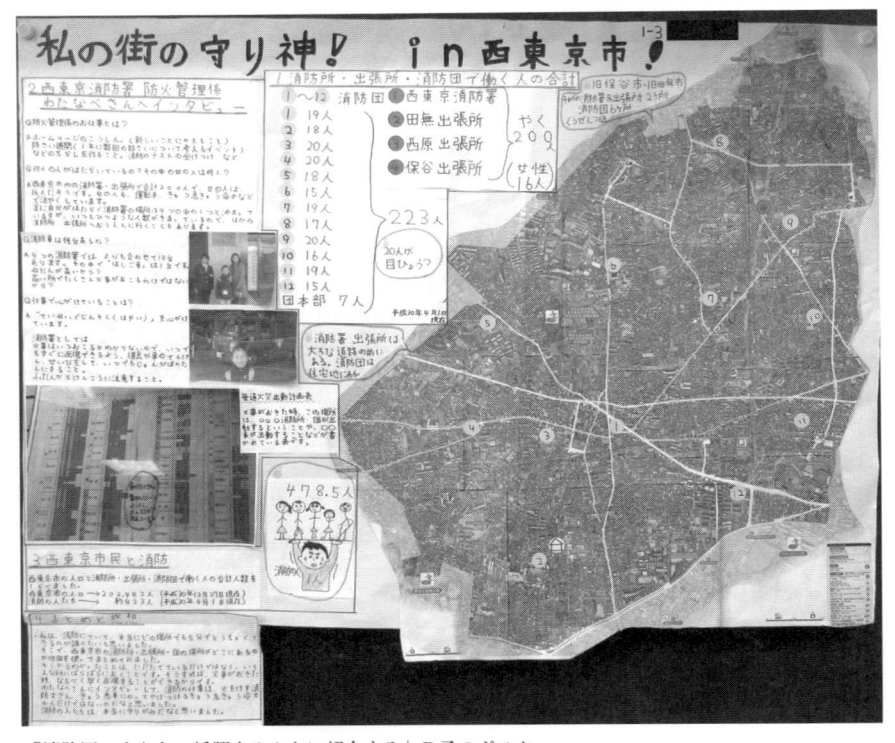

「消防団の人たちの活躍をみんなに紹介する」B子のポスター

4　本時の実際（授業の概要）

⑴　本時のねらい

　前時に成立した「自分たちの問題」（「消防団は本当に必要なのか？」）について話し合うことを通して，消防署だけでなく地域の人たちも火災の防止に努めていることを知るとともに，自分たちにもできることについて考えることができる。

(2)　前時の学習を振り返り，本時の「自分たちの問題」（「消防団は本当に必要なのか？」）を確認する

　「僕は〈必要かな？〉って思う。だって意味がないじゃん。先生の資料の〈火事で火が燃えうつる時間〉見て。（みんなが資料を見ているのを確認してから）20分経ったら全焼しているのに，このときに出動しても……。出動までに時間がかかるのもわかるんだけど。みんな働いている人たちだから……」。

火事で火が燃えうつる時間

（木造家屋の一階で出火の場合）

３０秒	かべ板，ふすま，障子などの立ち上がり面
２分３０秒	天井
５分	となりの部屋
７分	階段から２階の部屋
２０分	全焼

　「〈出動手当〉っていうお金を1回の出動でもらえるんだって。全国平均で7000円。でも，20分過ぎて現場に行ったらあんまり意味がないんじゃないかな」。

　『でも，〈消防団〉っていうものはあるんだよね。学校の音楽室の裏にも消防団の倉庫があったね……。〈消防団は本当に必要なのか〉，どうだろう？』。

　「日曜日に倉庫が開いていて，小さいポンプ車の点検や何か練習をしているのを見た！」「でも，そんなのじゃ役に立たないんじゃないの？」「わいわいがやがや」……。

(3)　本時の「自分たちの問題」について話し合う

　「私は，どちらかと言ったら必要ないの方なんだけど……。消防士さんは毎日すごく訓練しているのね。見学したときもすごいがんばっていたでしょ。消防のプロなのね。こう言っちゃ悪いけど，消防団の人たちはここまでやっていないと思うから。それに先生だって消防団に入れるって言うし……」『それってどういうこと……』「なんかプロじゃない……」。

　「消防団の人たちも，普段は働いているけど日曜日にがんばって訓練しているよ！」「消防士の人たちはお給料をちゃんともらっているから当たり前なんだよ！」「わいわいがやがや」……。

　「でもね，消防士さんは一生懸命，毎日訓練しているから，文京区内どこでも5分以内で駆けつけることができるんでしょ。それに，私たちが消防署に見

学に行ったらいろいろと教えてくれたりするし，他の小学校にも行って体験教室を開いたりしているじゃん。だから，消防団の人たちが，わざわざ仕事をしながら消防団をやらなくてもいいんじゃないかなと思う……」。

　「私は火事の現場に20分は確かにかかりすぎだと思うけど，調べてみたら消防団の仕事は，火を消すだけではないということがわかったのね。ネットの〈総務省消防庁のホームページ〉なんだけど（書画カメラで映しながら），火を消したり，地震や津波のときに救助したりすることもあるんだけど，ふだん各家庭を訪問して，防火設備が整っているかの点検をしたり，お年寄りの家へ様子を見に行ったりすることもしているんだって」『えっ，何のために？』「災害のときに助けが必要な人を確認しておけるから」。

　「つけたし。僕もそのホームページ見たんだけど，火の用心の見回りをしたり，応急手当の仕方を広める活動もしているんだって」「確かに！　冬になるとうちの近所にまわってくる」「僕は包帯の巻き方を習ったことがある」。

　「私もこのホームページを見たんだけど，一番ビックリしたのは，消防団員が消防士の約5倍もいるってこと。消防士は全国で約16万人なんだけど，消防団員は全国で約85万人もいるんだって！」。

　「消防士さんは人数が少なくて転勤も多いらしいんだけど，消防団は人数が多くて地域に住んでいる人が団員だから，〈地域に根ざしている〉んだって」。

　『ストップ！　〈地域に根ざしている〉ってどういうこと？』。

　「例えば……。僕のマンションで消防団に入っているおじさんにインタビューしたのね。そうしたら，消火栓の場所っていっぱいあったじゃん。それは消防士さんは全部なかなか覚えられなくて，それを消防団の人たちは地元だからよくわかるじゃん。だから，そうやって火事のときでも消防士さんに消火栓の場所を教えてあげて，消防士さんを助けているんだって。だから，消防士さんとはまたちがった仕事をしているから……。だから消防団は本当に必要だと僕は思う」。

　「私も消防団の人にインタビューしたんだけど，雪が降ったときは，まず消火栓の上を雪かきするんだって。冬は火事が多いでしょ。そのときに消火栓の

位置がわからなかったら大変なことになるから。でも，地元だとふだんから消火栓の場所がよくわかるから」。

「それに，東京23区みたいな都会じゃなかったら，そんなに消防署がないから。そういうところは消防団が絶対必要だと思う。ネットで調べたんだけど，消防団は全国に約2200団あって，約85万人の消防団員がいるんだけど，今，女性の団員がどんどん増えてきて，活躍しているんだって」『えっ，どんなことで活躍しているの？』「かわいそうだけど火災に遭っちゃった人の身のまわりのお世話だって。男の人よりいいみたいだよ」。

「そんなこともしているんだね。いざというときに頼りになるね」。

(4)　本時を振り返り，次時の見通しをもつ

『今日の話し合いで，自分の考えが変わった人はマグネット変えていいよ』（多くの子が名札マグネットを〈必要〉側に変える）『C男は誰の意見で変わったの？』。

「D男君の消防団の人のインタビューで。同じようでちがう仕事をしているからやっぱり必要なんだって思った」「同じ」。

『なるほど。C男君よかったね。E男君は〈必要かな？〉から変わらないの？』「うん」『どうして？』「だってね。消防団ってまちの人なら誰でもやれるじゃん。ってことは自分も大きくなったらやれると思うのね。でも，消火栓の場所とかお年寄りの人の家とかは近所に住んでいたら，だいたいわかるじゃん。だから別に消防団にわざわざ入らなくても，みんなが消防団だと思えばいいかなっと思って。人数が多ければ多いほどいいし」「なるほど」「でもみんな消防団入ればいいじゃん！」「わいわいがやがや……」。

『自分の家の近くの消火栓の場所とかわかる？』「知っているよ！」『じゃあ消防団に入らなくても，いざというときに消防団と同じような仕事，今のみんなでもできるかもしれないね。他にも今の自分でできることないかな？』。

「できそう！」「振り返りに書く！」。

■本単元に見られる「深い学び」の姿

　以下，A子の本時の後の自主学習の様子を紹介する。「消防団はやっぱり必要」と結んだA子は，自分やまちを火災から守るために「自分が一番大切だと思うこと」として，前述のB子と同様に「消防団の人たちの活躍をみんなに紹介する」ということをあげた。みんなが幸せになるために「どうすればよいのか」，自分の「生き方」を問い始めたA子の姿が見てとれる。

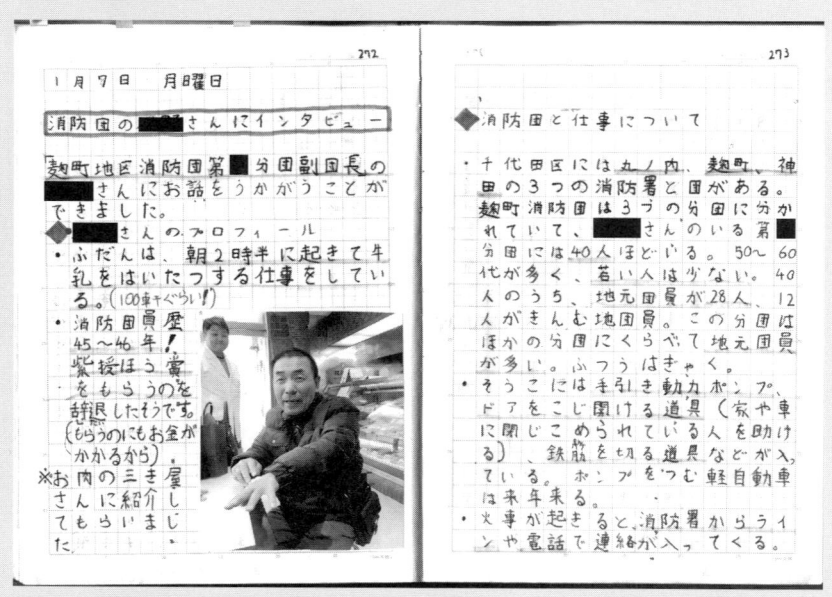

274

- ■さんはガラケーなので電話を受けたら紙をコピーしてくる。/？
- 現場にかけつけたら、消防士さんのアシスタントをする。火を消すことはほとんどない。からまったホースをほどいたり、野次馬の人にはなれるように言ったり（そして、自分が先頭で見る。）集った人をゆう動する。けが人の応急手当など。
- ふだんは月1回そうこに集まって、先月のふりかえりと来月の予定を話したりする。（第1土曜日）。その時にほうしゃもはたす。そしてくんれんをする。内ようは火を消す練習、応急手当（ほうたいのまきかた、三角巾の使い方、AEDそう.ちの使い方など）のし方など。
- きかいが正常に動くかもチェックする。

275

- 広報の仕事もあるので、女性の団員もいる。近くの大学や町会、空手道場に応急手当を教えに行くこともある。
- 1年に1度やす国神社の駐車場で「消防操法大会」があって、分団できそいあう。走ったり、ホースをつなげたり、ポンプで水をくんだりするタイムをはかる。（しき者を入れて5人のチームを作る）大会の前の2週間は自分たちの仕事の後、8時〜10時に集まって練習をする。
- あるとき、大会の練習をしていたら、（けんかしているように聞こえるらしい）くじょうが来た時があった。でも、していることをせつ明したら、わかってもらえてその人も入団してくれた。
- 消防士との大きなちがいは、地

276

域に根ざしていること。消防士さんはてんきんが多い。2年〜7年で異動する。でも、消防団は地元にずっといるので、地域のことをよく知っている。同じ町会だったら、ねたきりの人がどの家にいるかわかっている。
◆都会と地方のちがい
- けいさつとちがって、ちがう区の消防署もかけつける。消防には「国境はない」。
- 地方の消防団は山火事やそうなんもあつかう。消防士とほぼ同じ仕事をする。広い土地に消防署が少ないので、消防団が活やくするけど、時間は長くかかる。

〈感想〉
- 1年に1度やす国神社の駐車場で消防操法大会があるなんて知らなかった。そのために仕事の

277

後、疲れているのにおそくまでくんれんをするなんてびっくりした。私も見に行ってみたい。
- 消防士さんはてんきんが多いと初めて知った。消防団の人はずっと地元にいるから地域のプロになれるんだとなっとくできた。ねたきりのおばあさんがどこにいるかもわかるなんてすごいなぁと思った。
- 消防団はけいけんとはんだん力が大事！と話してくれた。1度さんがホンベをつんだ車が現場の近くに行けなかった時に、■さんたちのアイデアで、手で運んで消防士さんを助けたそうだ。やっぱり消防団は必要だと思った。

ごさいました。たくさんのお話ありがとう

名札マグネット

　価値観の違う人々が暮らす現代社会において，話し合いを通して多様な価値を認め合うことは大事なことである。ところが，社会科授業において話し合いが思うように深まらないという教師の声も少なくはない。このような実践上の課題に対して有効な手立てとして「名札マグネット」を使った授業づくりを紹介したい。

　「名札マグネット」とは，その名の通りマグネットシートに子どもの名前を書き入れ，下の写真のように，二分された小黒板にマグネットを置いて自分の立場を表し，学習問題について話し合う活動である。ただ，ディベートの授業とは似て非なるものである。

　確かに二つに分かれた場に一人ひとりのマグネットが置かれている。しかし，同じ左側でも一人ひとり置く場所が微妙に違うことに気付くだろう。左端に置いている子もいれば，真ん中に近い子もいる。実はこの違いは，一人ひとりの自分の立場に対する「確信」の度合いを示している。真ん中に置いてある子は，まだ事実関係がわからなくて立場を決めかねていたり，両者の立場を認めていきたいと思っていたりする子である。つまり，この「名札マグネット」は，ディベートのようにある立場に立ってその正当性を立論していこうとするものではなく，自分の立場を常に吟味し，マグネットを動かしつつ「自分ならでは」の考えをつくっていくものなのである。

　授業中，仲間が見ている前で動かすことはもちろん，休み時間や登校後すぐに動かす子もいる。「A子の持ってきた資料で考えが変わった」と，右側から左側に大きく動かす子や，「私，B男の意見で1㎝だけ動いた」と，ほんの少しだけ動かす子もいる。

　マグネットを置くには，それだけの「根拠」が必要である。したがって，事実に目を向け，仲間と意見を摺り合わせることにより，自らの考えを補強したり，修正したりしながら，より確かな「自分ならでは」の考えを構築していくことができる。その結果，一人ひとりの「自分ならでは」の考えが固まり，「自分たちの問題」をめぐって，白熱した話し合いが展開されるのである。

　「名札マグネット」を授業で活用することにより，意欲的に調べる子，自分の考えを積極的に発言する子，仲間の考えをよく吟味し，自分の考えをつくりかえていく子などの姿が多く見られるようになった。ただ，その効能は，話し合いを活性化するための有効な手立てというだけにはとどまらない。

　生き生きと「自分ならでは」の考えを「発露」し，率直に仲間と考えを摺り合わせていくことができるのは，子どもたちが表面の考え（立場）よりも，その考え（立場）の「根拠」に着眼しているからである。同時に，「自分ならでは」の考えを「発露」し，「自分たちの問題」について問題を追究していく学級の一員として，学び合っていることへの充足感を感じ，自分も仲間も高まり合っているという実感を互いに共有できるからである。

　それは，安心してその根底にある「自分ならでは」の考えを「発露」し，思い切り仲間と意見を交わし合うことのできる「あたたかい雰囲気」が，実は，「名札マグネット」を活用した授業づくりによって，学級の中で醸成されるからではないかと私は考えている。

5

大森海苔のふるさと館
~市の様子の移り変わり~

1 単元目標

◎区の移り変わりについて，交通や土地利用，生活の様子，人口，公共施設などの時期による違いに着目して，見学や聞き取り調査をしたり地図などの資料を活用したりして調べ，年表などにまとめ，区や人々の生活の様子を捉え，時期ごとに比較・関連付けて考え説明することを通して，区や人々の様子は時間の経過に伴い移り変わってきたことを理解できるようにする。

○区や人々の生活の変化について学習問題を意欲的に追究し，区の発展について区民の一人として努力や協力をしようとしている。

※本単元における配慮事項

◇区の様子の移り変わりについて追究・解決する中で，「年表にまとめる」際には時期の区分について，昭和，平成などの元号を用いた表し方を取り上げること。

◇「公共施設」については，区が公共施設の整備を進めてきたことを取り上げて，「租税」の役割に触れること。

◇「人口」を取り上げる際には，少子高齢化，国際化などに触れ，これからの区の発展について考えることができるように配慮すること。

2 「深い学び」を生み出す単元構想

　2020年の五輪に向け各所で再開発が進んでいる東京23区。移り変わりゆくこのまちの開発・発展の歴史の中，静かに消えていった産業の一つに，大田区

大森の海苔養殖がある。

　江戸時代から昭和にかけて海苔養殖の一大生産地として栄えた大森は，遠浅で波が穏やかであること，適度な潮の干満があること，多摩川が豊富な栄養分を運んでくることなどの条件も重なり，量，質ともに「日本一」だった。

　しかし，1964（昭和39）年の東京五輪などに向けた港湾整備に伴い，1962（昭和37）年の12月に約800世帯の海苔漁師たちが漁業権を放棄。翌63年春の最後の収穫を終え，大森の海苔養殖は，その300年の歴史に幕を下ろした。日本一の漁場だった大森の海は埋め立てられ，高速道路やモノレール，そして工場が建設され，隣接する羽田空港も拡張工事が進められた。

　現在，大田区の工場数は1413，東京23区一の数を誇り，外国人も含め，人口も増加している。それに伴い，区内の図書館の数は17，公園の数は550と公共施設も充実している。

　本単元で扱う「大森海苔のふるさと館」もそのような公共施設の一つである。2001（平成13）年，大田区の提唱で「ふるさと浜辺公園をつくる会」が設立された。その会に参加していた元海苔漁師より，かつての漁場に近い公園内に

海苔の資料館を建ててほしいとの意見が出され，大田区長に要望書が提出された のである。そして，2008（平成20）年，「大森海苔のふるさと館」が設置された（「浜辺公園」と「ふるさと館」の総工費は70億円）。「ふるさと館」の運営はNPO法人「海苔のふるさと会」が行っている。元海苔漁師から寄付された海苔づくりの道具の実物の展示や調査コーナーだけでなく，小学生から大人までを対象とした「海苔つけ体験」や「海苔簀づくり」,「海辺の生き物探検隊」等のイベントも充実しており，開館10周年で来館者が90万人を超えた。ただ，元海苔漁師の高齢化や展示の外国語対応などの課題にも直面している。

本単元では，元海苔漁師の中村博さんを教材の中心に据える。84歳になる中村さんは,「大森海苔のふるさと館」の運営を行うNPO法人「海苔のふるさと会」の会長である。

中村さんは，1935（昭和10）年に大森で生まれ，4年生の頃，終戦をむかえる。1951（昭和26）年より中学校を卒業した後，海苔漁師を継いだ。

しかし，1962（昭和37）年12月，漁業権を放棄することになる。このとき，中村さんは，次のように語っている。

「本当にさびしかった。そして，本当に海苔漁師をやめなきゃならなくなった

ときには，前にも言ったけど，とほうにくれたよ。だってさ，海苔漁師をやめたら，おれらは『陸^{おか}に上がったカッパ』だろ。仕事しなきゃ生きていけねぇけど，これから先，どうしたらよいのか。海苔やっている仲間同士で，夜通し，相談し合ったよ。

あとは，こう……。なんて言うか，ご先祖様に申し訳ない気持ち。江戸時代から300年間，ずっと続いてきた〈日本一の大森の海苔づくり〉を，自分たちの代で終わりにしてしまうんだからね。そういう気持ち……。黒くてやわらかい大森の海苔の，日本一の味は，もう二度と味わえない。大森の海は，埋め立てられてなくなっちゃうんだから。

でも，しょうがない。しょうがないと思ったよ……。多くの人様のためになるんだったら。みんな泣いていたよ。だから，せめて，この大田区や，東京の多くの人たちのためになるんだったらね。<u>この大田区が〈よりよく〉なることをねがって，判子を押したんだ</u>」

大森の埋め立てだけではない。ダム，下水処理場，最終処分場，原子力発電所，基地……。大多数の人たちの「利益」のために，少数の人たちが「犠牲」になるという「社会問題」は，今でも「現実の社会」で実際に起こっており，そのような上に，自分たちの日々の暮らしは成り立っている。はたして「犠牲なき社会」は可能なのだろうか。

その後，中村さんは，サラリーマンとして再就職した後，「大森海苔のふるさと館」設立のために全力を尽くした。そして，現在は，NPO法人「海苔のふるさと会」の会長として，「大森海苔のふるさと館」で「海苔づくりを受け継ぐ活動」を行っている。

「自分たちが大森の海苔漁を知る最後の世代。前の東京五輪以降で養殖は終わったけど，今度の東京五輪以降は，海苔文化がさびれないように，継承に協力してくれる人たちを大切にしたい」

本単元は，社会科で初めての「歴史単元」である。点と点で社会的事象をとらえがちな3年生の子どもたちに，「移り変わり」としてとらえさせるためには，具体的な中村さんという一人の「人の営み」を表した「個人年表」を「物

差し」にして，A 小学生だった頃（1940 年代），B 海苔漁師だった頃（1960 年代），C 現在（2019 年），この三つの時代の生活の様子及びまちの様子やその移り変わりについて，比較したり関連付けたりしながら学習を進めていくことが有効だと考える。

　また，中村さんのインタビューの「この大田区が〈よりよく〉なることをねがって，判子を押したんだ」という言葉に立ち止まらせて，「その後の大田区は，中村さんの願い通り〈よりよく〉なったのか？」という「自分たちの問題」を成立させ，埋め立て後から現在までの区の様子の移り変わりについて，意欲的に追究できるようにしたい。ここでは，「人口」，「交通」，「土地利用」，「生活の様子」，「公共施設」を追究の視点として，区の様子の移り変わりとそれぞれの視点を関連付けていけるようにする。人口の増加と団地の建設，道路や鉄道，公共施設の整備，土地利用の変化を互いに関連付け，都市化が進んだことなど区の様子の変化に気付くことができるようにするのである。調べたことは，縦軸を追究の視点にした「my 年表」にまとめ，それをもとに「よりよく」なったのか，子どもたち一人ひとりが判断をしながら学習を進めていく。

　さらに，区の様子の移り変わりを通して学んだことをもとに，公共施設としての「大森海苔のふるさと館」建設の意義や少子高齢化や国際化にともなう現在の「ふるさと館」の課題について，「自分たちの問題」を追究するとともに，その課題の解決策を考え，「ふるさと館」に手紙を書いて送るという活動も行う。中村さんを中心とした元海苔漁師や「ふるさと館」学芸員，大田区（役所），そしてかつて日本一だった海苔づくりを継承しようと集まったボランティアの方々，これらの人の活動，そして思いや願いを通して，区の発展について考えていけるようにしたい。

　本単元は 3 年生の最終単元である。

　これまで学んできたことをもとに，移り変わりゆく地域社会において，みんなが幸せになるために「どうすればよいのか」，自分の「生き方」を問い続ける姿を，子どもたち一人ひとりに追い求めていきたい。

3　本単元の実際 (全21時間)

⑴　東京湾の航空写真（60年前，30年前）を見て，現在の様子と比べ，60年前の大田区大森の海苔養殖について関心をもつ（2時間）

「60年前の東京湾をうめつくす四角いものは何か？」

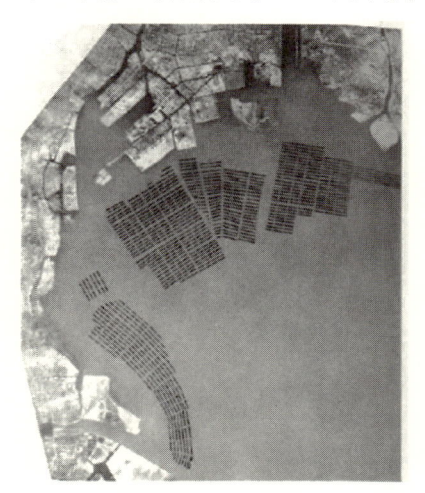

⑵　「大森海苔のふるさと館」見学や「中村博さんの個人年表」を通して，海苔養殖や人々の生活（80年前，60年前）について問題を追究する（4時間）

　「大森海苔のふるさと館」見学（総合活動2時間）

「中村さんがのりづくりで一番大変だったことは何か？」（Ⅰ章2参照）

「自分が大森ののり漁師だったらうめたてになっとくできるか？」

中村博さんの「海苔の仕事」年表

昭和10（1935）年 0歳	大森の海苔の漁師の 家に生まれる（兄・姉・弟・妹）。
昭和20（1945）年 10歳	小学4年生の時アメリカとの戦争が終わった。大森は焼け野原となった。竹ヒビにかわって網ヒビが広まった。海はきれいで海苔がよくとれた。 ソロバン塾に行っていたが、海苔つけや井戸かいを手伝った。面子、剣玉、ベーゴマが得意だった。特にベーゴマは、自分でけずってうすい六角形に改造。勝負でバケツ一杯持っていた。
昭和22（1947）年 12歳	大森区と蒲田区が合併して大田区になる。 おはやし（ふえ）を習う。その後、お祭りに出る。
昭和26（1951）年 16歳	中学を卒業して、兄が子どもの時に亡くなったので、家の海苔の仕事をする。

《中村さんの海苔づくりの仕事》

※収穫期の冬の忙しい頃には、両親、 私、嫁さん、冬の間だけ山形県から来た 男の人と女の人の6人でやっていた。

秋 種付け 千葉の種場へ竹ヒビや海苔網を持って行き、種（海苔の胞子）を付ける。

海苔網の支柱建て 持ち帰った種が付いた網を張るために、海に竹の支柱を建てる。深い所では竹を2本ついで約13mにする。

冬	海苔とり	海苔舟にベカブネ（一人乗りの小舟）を乗せて漁場へ行き、海苔網（45 m × 120cm × 150 〜 200）から海苔をとった。
	海苔切り	午前1，2時から作業が始まる。
	海苔つけ	1人平均1時間250〜300枚つけた。
	海苔乾し	つけあがった海苔簀を乾枠にかけ、夜が明ける頃外に乾し出す。
春	ヒビ抜き	竹ヒビや海苔網の支柱を抜いて漁場を片づけた。
夏	道具の準備	海苔網編み、ヨシを刈り海苔簀を編む。

◉その当時は電気釜はないし、朝早く起きて薪でごはんをたく。大変だったよ。海苔つけ場は暖房をいれると海苔がいたむから、練炭火鉢（七輪）で暖をとった。母親が甘酒をわかしてくれて体を温めて海苔つけ仕事をやったよ。寒さっちゃないよ。

◉海苔の収穫の忙しい時は、寝るのは夜9時ぐらいで、起きるのは夜中2時ぐらいだった。それで、休みは正月も元旦だけ。

◉東京湾では西風が怖い。海苔取りの期間中、2月末ごろにとつぜん強風が起こるから、そんな時、ベカブネから必死に親船にたどり着き、上がる。怖かった。

〇多摩川とか、目黒川とか、隅田川とか、真水がうまい具合に入らないと、黒く柔らかい海苔ができないんだよ。大森海苔のおいしさは、この地形にあるんで、最盛期の大森海苔は日本一だったね。

〇船は海苔をやる前から遊びでやっていた。船を漕ぐにはバランスが大切だ。泳ぎだって先輩に夏の海に投げこまれた。それで夢中になって覚えたもんですよ。ずいぶん乱暴なやり方でしたがね。ふふふ。

〇海は15日にいっぺんの潮変わりの日は昼間に潮が引かないので、「潮合」といって海苔とりは休みになる。その時には多少のお小づかいが出る。映画館のある近所の美原通りに遊びに行った。20歳の時からは、大森のダンスホールに行って社交ダンスを習っていた。手袋してさ。つかの間の楽しみだった。

| 平成31（2019）年
84歳 | 現在、「海苔のふるさと会」の会長として、「海苔のふるさと館」での海苔つけ・海苔乾しの作業体験の指導など、「海苔づくりをそのまま受け継ぐ活動」を行っている。 |

(3) 「東京湾の埋立と大森の海苔漁師の年表」から 60 年前の大田区の移り変わりとその原因について問題を追究する（4 時間）〔本時 4/4〕

「東京湾の埋め立てと大森の海苔漁師たち」の年表

昭和 02（1927）年	東京府知事（今の東京都知事）は、東京湾に大きな船が通れるよう運河をほって、あまった土で海を埋め立てて大工場地帯にしようという計画を発表した。大森の漁師にとっては、海苔づくりの場がなくなってしまうので、この「京浜運河計画」反対を町ぐるみ（東京、神奈川の 6 町の 2 万世帯 10 万人）で訴えた。大きな船が通るには、海底を掘り下げなくてはならず、それは浅い海がなくなってしまう。また、工場ができることによって、その廃水が海苔づくりをできなくしてしまうからである。
昭和 03（1928）年	大森の青年漁師鳴島音松さんが天皇陛下（昭和天皇）に「京浜運河計画」反対を直訴した。それにより計画は一度は中止になった。彼がろうやに入る時には、多くの漁師が見送ったという。
昭和 16（1941）年 中村さん6歳	アメリカと戦争（太平洋戦争）が始まった。
昭和 20（1945）年 中村さん10歳	大森の町はアメリカ軍の大空襲により焼け野原となった。
昭和 21（1946）年 中村さん11歳	竹ヒビにかわって網ヒビが大幅に広まり、海苔がよくとれた。
昭和 29（1954）年 中村さん19歳	東京ガス大森工場の重油が流れ出し海苔が全部だめになった。
昭和 30（1955）年以降 中村さん20歳	高度経済成長の中で、①工場からの廃水、②家庭からの廃水（下水道の設備が追いつかなかった）、③大型船からの廃油もれ（当時の船は動くとどうしてももれてしまった）で海が汚れてきた。
昭和 33（1958）年 中村さん23歳	4 月　東京港を大きくするための埋め立てが決定し、都知事は、漁師に協力を求めた。漁師は強い不満をあげた。 6 月　江戸川区の本州製紙工場が「黒い水」を東京湾にたれ流す事件が起こり、これに怒った漁師 3000 人が日比谷公会堂に集まり、汚い水を出したことや埋め立てをすることに反対を訴えた。
昭和 34（1959）年 中村さん24歳	5 月　東京でオリンピックがひらかれることや、羽田空港と東京都心を結ぶ首都高速道路やモノレールを建設することが決まった。そして、その工事のために大森の遠浅な海を埋め立てる

	計画が発表された。大森の海苔漁師たちは反対した。
昭和35（1960）年 中村さん25歳	12 月　「東京港を拡大するための埋め立てと海苔づくりや海苔漁師の生活は両立することはできない。東京都及び国の将来の発展という大目的のために、埋め立てはやむをえない」という考えのもと、東京都は、漁業者への補償金の用意と別の仕事を紹介することを始めた。
昭和37（1962）年 中村さん27歳	オリンピック開催を2年後に控え、「高速道路・モノレール建設工事のための埋め立てを早く完成させたい」と主張する東京都側と、「提示された補償金の金額は東京湾の海苔づくりのこれまでのもうけに合ってない」と主張する漁師側との話し合いはうまくいかなかった。 12 月 1 日、大森の海苔漁師が集まる会議（1080 人参加）で、東京都の提案を受け入れ、828 世帯が漁業権を放棄する手続きを完了。江戸時代から約 300 年前から続いた「日本一」の大森の海苔づくりが、この瞬間で終わることが決まった。
昭和38（1963）年 中村さん28歳	春をもって大森の海苔づくりは完全に終わった。 「陸に上がった」海苔漁師たちは、大田区の工場や会社につとめたり、アパートや飲食店などを経営したりして、新しい人生を歩み始めた。
昭和39（1964）年 中村さん29歳	オリンピック景気のもとで、休まずに仕事して首都高速道路一号線と東京モノレールが完成し開通した。 10 月 10 日、東京オリンピックが行われた。
平成13（2001）年 中村さん66歳	東京都大田区のよびかけで、「ふるさと浜辺公園をつくる会」ができる。その会に参加していた元海苔漁師から、「かつての漁場に近い公園内に海苔の資料館を建ててほしい」との意見が出された。（平成 14（2002）〜 17 年（2005））
平成20（2008）年 中村さん73歳	4 月　「大森　海苔のふるさと館」が大田区によって設置された。（「ふるさと館」と「ふるさと浜辺公園」の工事の費用はは合わせて 70 億円。） 「ふるさと館」の運営は特別非営利活動法人（ＮＰＯ）「海苔のふるさと会」が行っている。

「大森ののり漁師全員が判子を押したのはなぜか？」（「本時の実際」参照）

「本当に中村さんたちの願い通り，大田区は〈よりよく〉なったのか？」

(4) 「人口」，「交通」，「土地利用」，「生活の様子」，「公共施設」を視点に，大田区の移り変わりについて調べ，年表にまとめるとともに，「よりよく」なってきたのかについて判断する（6時間）

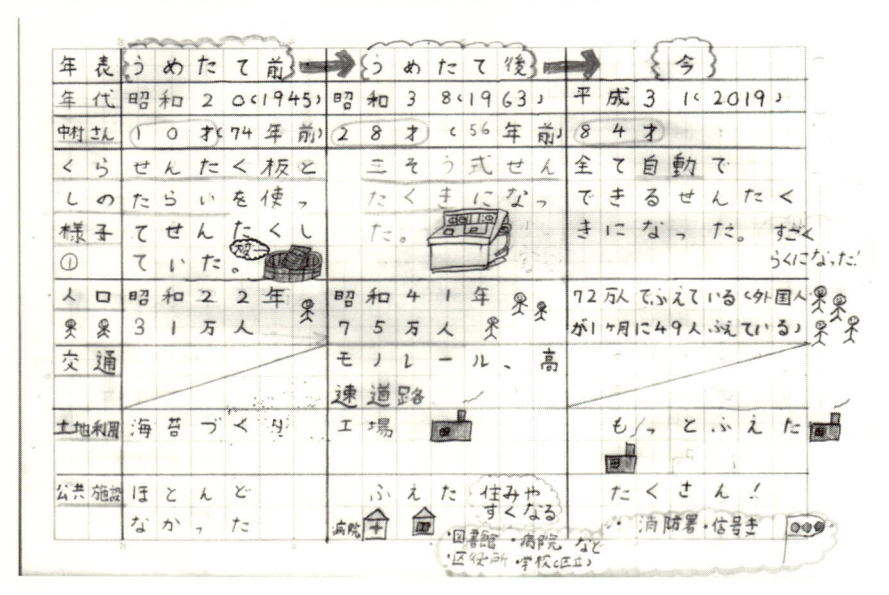

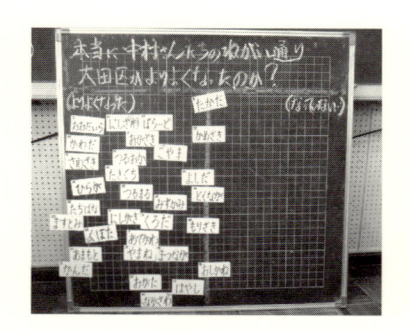

「なぜ大田区は〈大森海苔のふるさと館〉を建てたのか？」

⑸　「大森海苔のふるさと館」を再び見学し，建設の意義や少子高齢化や国際化にともなう現在の「ふるさと館」の課題について問題追究するとともに，その課題の解決策を考え，「ふるさと館」に手紙を送る（5時間＋総合活動2時間）

大森海苔のふるさと食官の五十嵐さんへ
五十嵐さんの話を聞いて大森海苔のふるさと食官がなぜ建てられたのかが分かりました。
それは、大田区の漁師たちがうめたてで二〇〇以も仕事がなくなったけれども、ほこりに思っていたのりづくりをちょっとでも若い人たちに知ってもらいたいと思って、大田区の住民の人たちと漁師さんたちがお願いしてできたということです。
このこと知って、のりづくりは昔からつながっていて次のバトンにつなげることが大事だということを学びました。
四年生になっても、同じことを探していきたいです。
短い時間でしたが、いろいろな質問を答えてくれてありがとうございました。

僕が大森海苔のふるさと食官がもっとよくなるために考えたことをまとめました。
まず高齢化によって元漁師たちが直接のりづくりの技を伝えていけなくなるかもしれないことについて考えました。
きちょうなのりづくりの動画をとって若い人たちにみせてあげたり、ネットにのせたりすれば、そうすれば、日本全国の人に大森ののりのことを知ってもらえて、たくさんの人が見学に来てくれると思います。

それに、ささえる人金やきふを集めこられるかもしれません。
全国からのりづくりの技を伝えていきたいと思った人たちがボランティアに来てくれるかもしれません。
もう一つは外国の人たちにふるさと食官について理解してもらうための作戦です。
今年はラグビーワールドカップの大会が開かれます。来年はオリンピック、パラリンピックも開かれます。外国の人たちがたくさん日本に来るので、世界中の人たちにふるさと食官のことを知ってもらうチャンスです。のりづくりについての説明を、外国の人たちにも分かってもらえるように、駅あるけいじばんみたいに、英語や中国語や韓国語に訳しておけばいいと思います。他の言語の人たちのためには、スマホの翻訳アプリ(ボイストラ)が引言語に対応できる。ホームページにもいろんな言語にのせておくと世界中のお客さんがきてくれると思います。
ぜひさんこうにしてください。
本当にありがとうございました。

4　本時の実際（公開授業記録）

⑴　本時のねらい

前時からの学習問題について話し合うことを通して，漁業権を放棄し，埋め立てを受け入れたときの中村さんの複雑な気持ちについて考えるとともに，インタビューを通して中村さんの思いや願いを知り，その後の大田区の移り変わりについて問題を追究しようとする意欲をもつことができる。

⑵　前時に成立した「自分たちの問題」（「大森ののり漁師全員が判子をおしたのはなぜか？」）について話し合う

（毎授業後撮影された板書を，授業の最初に一人ひとりに配付し，それをノー

トに貼りながら，自分の気になった箇所にマーカーで線を引く。そして，その理由を交流し合うことから本時の問題追究が始まる）

『どこに線を引いた？』。

「〈大森ののり漁師全員が判子を押したのはなぜか？〉ってところ」「引いた」「引いた」『どれくらい引いた？』（10人ぐらいの手があがる）『どうしてそこへ引いたの？』「あの，今から予想を出し合って，中村さんのインタビューで確かめるから」。

『先生ね，みんなのノートの振り返りを見て，こんなに〈わからない〉と書いてあったの初めて。〈学びがい〉があります。他に線を引いた子いる？』。

「〈11代のバトンをおとしてしまう〉のところ。だって，300年間，1代，2代，3代，4代とずっと続いてきて，11代でバトンを渡せられなかったら……」『自分で落としたの？』「落とさなきゃいけなかった……」「いや，落とされた！」。

「私は，〈1964東京オリンピックがきっかけで〉というところに引いた。今日の授業とメチャクチャ関わりがありそう」「埋め立てをしなくてはいけないきっかけになったから」。

「私は〈まぼろしののり〉というところに引いた。もう二度と食べれなくなっちゃったから。今は私たちは，どんな海苔か知らないから」。

「〈自分のわざを使ってもうかりたい〉に引いたんだけど……。（「引いた」の声）補償金をもらっても，それは自分でつくったお金じゃないから，自分の力でお金がほしい」「達成感がない」。

『みんな〈納得できない〉と言ってたのに，でも中村さんや海苔漁師さんたちは判子を押したんだよね。じゃあ，始めようか。ズバリ，大森の海苔漁師全員が判子を押したのは一体なぜなんだ？』。

「海苔の漁師さんたちは本当は納得しなかったんだけど，けど，都知事とかに何度も説得されて，代表者が〈しょうがないか〉と言って全員が押した。何回も何回も〈海苔漁師をやめてください。東京オリンピックを開きたいので……。〉って説明を聞いて」（「事実」だけでなく漁師たちの「思い」も板書していく）「本当に納得はしていないけど……」『〈東京オリンピックのためにやめてください〉って言われて，でも本当は納得してないの，でも押しちゃったの……』「漁師さんの中でも，いろんな人たちがいて，お互い話し合って納得したんじゃないかな」「オリンピックって，世界中の代表が集まる大会だから，すごい大きいもので，〈世界が東京オリンピックを待っている〉ということを話されて……」（ここでB男を意図的に指名する）。

「調べてきたんだけど……。海苔漁師をやめろと言われたとき，昭和39年，1964年に……」『ストップ，いつ？　中村さん何歳？』「東京湾の埋め立てと大森の海苔漁師たちの年表に書いてある！」「29歳のとき！」『まだ，君に追いついていない。追いついてない人が一人でもいたら，みんながそのページを開くのを待ちます』（子どもたち全員が資料を取り出して見るまで，発言者を待たせ，確実に発言者の「根拠」を共有化させるようにする。B男の発言が再開される）「スマホで調べてきたんだけど，工場整備特別地域促進法っていう（「えー？」）法律ができて，それがきっかけで大森に工場がたくさん集まってきて……，大森の海苔漁師全員が，工場の町として〈発展〉していった方が，将来の大田区のためとか子どものためとかにいいことだと思ったから」。

『工場が増えると，どうして大森，ここ大田区のためになるの？』「税収も

増える」『税収って何だ？』「税金を集める。大田区のお金が増える」『大田区の税金が増えるとどんないいことありますか？』「税金が増えると，工場とがまたいっぱい建つし……」「公共施設！」『公共施設。図書館とか，他に何だ？』「病院」「博物館」「美術館」「学校」「区役所」「図書館とか公園とか多い」『たしかに前に〈ふるさと館〉に行ったとき，公園も多かったよね。公共施設が増える。何？　海苔漁師さんたちは，そういうことをちょっとビビッと思って納得したと言えるんじゃないかということね。B男は何と言った？』「発展」『発展すると言った。一つの意見が出てきました』（C子を意図的に指名する）。

「私は，補償金が多かったからだと思う。一世帯 1340 万円。それで計算したら，当時のサラリーマンの平均の月給ね。月のお給料。それの 30 年分だった。だから，海苔漁師さんたちは，それが大きかった。それで，海苔漁師をやめた。自分の技を生かして仕事をやりたかったかもしれないけど，これからの生活があるわけだし，そのお金があれば……。それと，迷惑……，他のいろんな人たちに迷惑をかけちゃうと……」『どういうこと？　ストップ，今，C子が迷惑って言ったけど，海苔漁師さんたちが迷惑をかけているの？』「埋め立てに納得しないでずっと耐えていたら，また迷惑をかける。東京オリンピックが開かれるまで残りもう 2 年になっている！」「海苔漁師さんたちのせいで，もしオリンピックが行われないことになると，日本の印象が悪くなっちゃうし，世界の人たちから，〈なんだ，あそこの人たちのせいで，日本で行われないんだ〉なんてなっちゃったら……。それにモノレールや高速道路がなくて，羽田空港も狭かったら，〈便利じゃないんだなぁ。もうちょっと便利にしてくれればいいのになぁ〉とか」『オリンピックが開かれると，こういう交通もどんどん便利になっていくわけだ』。

　「僕は，あの，判子を押したのは，多分，判子を押したくて押したのではなく，やれないものはしようがない，あきらめた気持ちで押したんだと思う」「つけ

たし。年表の昭和33年，1958年，中村さん23歳のときに，本州製紙工場が〈黒い水〉をたれ流す事件があったり，家や工場の排水が海に流れたり船の廃油もれがあったりしたから。それで，海苔をつくるための栄養とかがあまりなくて，うまくつくれなくて追いつめられたこともあったんだと思う」。

『オリンピックや補償金だけなく，海が汚れてきたということも，判子を押したことに関係しているんじゃないか。じゃあD男は？』「えーと，ひいおばあちゃんとかおばあちゃんは，福岡で海苔をつくっていたんだけど，福岡でも，埋め立てをすると福岡市から言われて，海苔漁師と市と交渉し合って，3年間ぐらい。それで，そのとき，そのへんの人たちの高齢者の50代・60代の年を取った人がけっこうたくさんだったから，定年退職みたいな感じで，あんまりクレームとか泣いたりとかはしなかったらしいんだけど。でも，大森の人は1962年は中村さんは27歳だから，まだ若い人もかなりいたから，多分，もうちょっと続けたかった人がけっこういたと思うから……」。

『もうちょっと続けたかった……，A子（Ⅰ章1参照）は？』（相互指名をしながらも，意図的指名を織り交ぜ，授業に流れをつけていく）。

「世界中の人はオリンピックを楽しみにしているのに，自分たちが反対をするだけで，オリンピックのための埋め立てとかができなくなるのは，自分たちがつらくなっちゃうから」『さっきの迷惑と似ている？　（A子がうなずく）A子は，どうしてそういうふうに思ったの？』。

「自分が反対をしているだけで，埋め立てとかができなくなったら逆に自分たちがつらくなって……（しばらく考えている）」『C子が言っていたように，みんなが楽しみにしているんだったら，それにやっぱり従わないといけない感じ？』（A子が「うん」とうなずく）『みんなはどう？』（子どもたちはだまって考えている）『みんなが楽しみにしているんだから，やっぱり自分は我慢し

なくてはいけないこと？』（A子は「うん」とうなずく。「でも……」と子ど
もたちから手があがり始める）『A子が引っ越ししたのを知っている？　ノー
トで先生には教えてくれたんだけど，もしよかったらみんなに話してくれる？』。

　「2020年に東京オリ・パラが開かれるから，そのために引っ越さなきゃい
けない人たちがいて……（A子はだんだん小さな声になっていく。子どもたち
はじっと聞いている）」。

　『2020があるから……，それで，今の自分の家を引っ越さなくてはいけな
くなったのね。だから，漁師さんも判子を押したんだということ。（A子が涙
を流す）漁師さんは実際，どうやって判子を押したんだと思う？』。

　「私は泣きながら押したと思うんだけど，なぜなら先祖代々続いていた海苔
づくりを自分の代で手放すことは，先祖の人たちに申し訳ないから。あと，せ
っかく，量も質もよかった日本一の海苔づくりをやめるのは残念すぎるから」。

　『だからきっと，泣きながら押していたのではないか。（黒板の真ん中，最
上段に〈先祖代々300年，日本一ののりづくり〉と板書する）そうか。E男，
どうだい？』。

　「うちのママに聞いたら，なんか
今も続いているらしいんだけど，沖
縄のなんとかの海（※辺野古）で，
アメリカ軍の基地が今，沖縄のどこ
か（※普天間）にあって，〈そこらあ
たりに飛行機が墜落して来たらほん
と危ないから〉と言って，なんとか
の海のところに埋め立てをしてそこにアメリカ軍の基地を建てようということ
をやっていて，それで真ん中の方に今はあるんだけど，そこの近くに住んでい
る人は〈飛行機が落ちてきたらどうするんだ〉という感じで……。それで，な
んとかの海の近くに住んでいる人は，そのなんとかの海がめちゃきれいだから
（後方の参観している先生が涙を拭く），その場が埋め立てられるときびしい
ところがあって，どっちをとるかというのを，自分の中で天秤にかけて（両手

で天秤の動きを示しながら），どっちかにして，中村さんもそれで……」『（板書を指して）こっちか？　それともこっちか？』「日本の発展か，自分たちの海苔づくりかどっちかというのを天秤にかけて，それで，日本とか東京とか発展する方を選んだことで，それで悔しくて，泣きながら押した」（中略）。

　「私は，泣く泣く押したんだと思うけど，でも，オリンピックは日本人だけでなく世界中の人々が楽しみにしていて，日本が大きく〈発展〉するチャンスだったから」『チャンス。オリンピックがきっかけでね，他にもできたものあるよね』「ポリバケツ」「民間ホテル」「ユニットバス」『新幹線とか，ホテルとかね，そういうものも含めて便利になるもんな。それでもやっぱり自分の海苔づくりをあきらめなくてはならないということで，泣いていたということね。（中略）では，黒板も埋め尽くされてしまいました。前の時間に言っていたように，中村さんのインタビューに入っていっていいですか？」「はい」（「中村博さんのインタビュー」を配付する）『線を引きながら読んでみてください。ちゃんと向き合おう。先生，失礼にならないようにインタビューしたからね。これ，なかなかお話してくれる内容のことじゃないと思うんだけど……こんなふうにお話してくれました（音読する）』。

⑶　インタビューを通して，中村さんの思いや願いを知り，新たな「自分たちの問題」をつくる

（子どもたちは，板書写真と同じように「中村博さんのインタビュー」をノートに貼りながら，自分の気になった箇所にマーカーで線を引く）

---

①　本当にさびしかった。

②　そして，本当に海苔漁師をやめなきゃならなくなったときには，前にも言ったけど，とほうにくれたよ。だってさ，海苔漁師をやめたら，おれらは『陸^{おか}に上がったカッパ』だろ。仕事しなきゃ生きていけねぇけど，

これから先，どうしたらよいのか。海苔やっている仲間同士で，夜通し，相談し合ったよ。

③　あとは，こう……。なんて言うか，ご先祖様に申し訳ない気持ち。江戸時代から300年間，ずっと続いてきた『日本一の大森の海苔づくり』を，自分たちの代で終わりにしてしまうんだからね。そういう気持ち……。

④　黒くてやわらかい大森の海苔の，日本一の味は，もう二度と味わえない。大森の海は，埋め立てられてなくなっちゃうんだから。

⑤　でも，しょうがない。しょうがないと思ったよ……。多くの人様のためになるんだったら。みんな泣いていたよ。

⑥　だから，せめて，この大田区や，東京の多くの人たちのためになるんだったらね。この大田区が『よりよく』なることをねがって，判子を押したんだ。

『はい，どこ引いた？　教えて』「〈多くの人たちのためになるんだったらね〉。自分のことも思っているけど，他の人のことも思っているから……。やっぱり，みんなが想像し合っていたことがあった」。

　「私は，〈しょうがないと思ったよ……。多くの人様のためになるんだったら〉。多くの人が〈笑顔〉になるのならいいんでしょうがないから。やめなくちゃいけないときに，中村さんは泣いていたというけど，多くの人のためなら最後はいいということ……」。

　『今の F 子の言葉だと，〈笑顔〉という言葉があるね。（黒板の中村さんの写真に「吹き出し」で〈多くの人の笑顔のために〉と板書する）G 子は？』。

　「私は，〈大田区が『よりよく』なることをねがって，判子を押したんだ〉」「そうそう！」『ここ，線を引いた人どれくらいいるの？』「ほぼ全員！」『そうなの，ここか。どうして？』「理由は，海苔漁

師みんなのことをよりよくしようと思っていたけど，オリンピックのために，そして大田区のことをもっともっとよりよくしようとするためにがまんしたから」（教師は先ほどの「吹き出し」に続けて〈『よりよく』なることをねがって〉と板書する）。

　「僕は，〈ねがって，判子を押したんだ〉というところを引いたんだけど，なぜかというと〈ねがう〉と言ったら，町の人たちがこれからの町をよりよくしてくれることを信じて押しているから，その気持ちがなかったら押せないから……」『G男が言っていた，中村さんが一番願っていたことというのは，（板書の「〈よりよく〉なることを願って」）を指して）ここだよね。本当に，この後〈よりよく〉なったのかい？」「わかんない」『G男が言ったみたいに，このあと本当によくなったのかい？」「なった！」「その後よりよくなったから今がある！」『今は本当によによりよいのかい？（わいわいがやがや……）わかんないじゃない，みんな……』（子どたちの「つぶやき」が広がっていく。それらの「つぶやき」を受けとめながら，板書でまとめていく）。

　『人口が増える？　実際増えている？』「増えている」『そう，よりよくなっている？』「なっている！」『よりよくなっていると言える証拠がある？　人口が増えている以外に？』「モノレールや高速道路！」『オリンピックが実際開催されたから，こういうモノレールとか高速道路がつくられた。交通も便利になっている』「工場が増えている」『工場も増えた。めちゃくちゃ工場も増えている。工場が増えるともうかる』「マンションとか建っている！」『じゃあ，〈よりよく〉なったと言いきっていい？』「イヤ！」「ダメ！」『なんでダメなの？」「よ

りよくなっていないこともある！」「海苔がつくれなくなった！」『自然がなくなったということか。こういうことも含めて……，どうしようか……，じゃ，次の時間のお題なんだけど，どうしていこうか？』。

　「本当によりよくなったか？」「大

森の海苔漁師全員が判子を押して東京はよりよくなったのか？」「それがいい！」「よりよくなったのか？」『わかった。今ので（板書しながら）本当に，大森の海苔漁師は，中村さんたちでもいいんだよね，中村さんたちの願い通り，東京だと全部，ほら，小泉牧場まで入っちゃうから，「大田区が〈よりよく〉なったのか？」でよいかな？』「OK！」「それでいい」。

「本当に中村さんたちの願い通り，大田区は〈よりよく〉なったのか？」

⑷　本時を振り返り，次時への見通しをもつ

　　『今，本当に中村さんたちの願い通り，大田区が〈よりよく〉なったのかについて，予想が出てきたけど，人口が増えたとか，オリンピックが開かれて，モノレール，高速道路ができて交通が整備されて，工場も増えた。なのに，〈でも〉って，H男やI子が言っているけど，疑問がついているのは何なの？』「自然破壊！」『ほう，自然破壊と言っていたことも含めてどうなんだろうということだね。そこらへんのすっきりしないところも，次から考えていくということでよいかな』「はい」。

　　「（日直）これで1時間目の社会を終わります」「ありがとうございました！」

　　（教師はA子に寄り添って，「よく言えたね，さっき」と声をかける。子どもたち一人ひとりが「振り返り」を書く）。

■**本単元に見られる「深い学び」の姿**

　　まず，重複するが前時（I章1参照），そして，本時におけるA子の振

り返りの一部を紹介する。

　Ａ子は，本時以降も，「現実の社会」で「大多数の人たちの〈利益〉のために，少数の人たちが〈犠牲〉にならざるを得ないのか」ということについて，「どうすればよいのか」ねばり強く問い続けていった。

Ａ子　前時の振り返りの一部

　（前略）私も，2020年の東京オリンピックのための町の再開発で，引っこしをしました。

　ずっと住んでいた所をはなれるのは，すこしさびしかったけど，オリンピックを楽しみにする気もちもあります。たくさんの人がオリンピックを楽しみにしていて，世界中の人が東京に来て，東京全体がもりあがると思います。のり漁師さんたちも，ほかの人のことや東京全体のことを考えて，なっとくした人もいたのかもしれません。1964年の東京オリンピックで，1兆円のお金が動いたといわれているそうです。（経済効果というそうです。）新しいビルができたり，仕事がふえたりして，よろこんだ人がたくさんいます。

　だから，自分はなっとくできなくても，社会のことを考えたら，なっとくしなくちゃいけないのかなあと思いました。　　　　　（下線筆者）

Ａ子　本時の振り返りの一部

　（前略）本当はおしたくなかったけど，しかたなくおしたんだと思います。

　あとで調べてみたら，さいごの漁が終わった日の，大森ののり漁師さんのようすが書いてありました。「とにかくみんながないていた」「300年の漁に終止符が打たれることを惜しむ気もちはみな同じだった」と書いてありました。

　気もちはかなしくてくやしかったけど，ほかの人のために自分のきもちをおさえて，はんこをおしたのだと思います。

　また，本時で「埋め立て後の大田区の発展」について「工場が増えると税収が増え，人口や公共施設も増える」という具体的な事実を調べてきたB男の前時や本時の振り返り，そして単元終末の「大森海苔のふるさと館」の学芸員さんへの手紙を紹介する。

B男　前時の振り返り

大森ののり漁師全員が判子をおしたのはなぜか？

　僕は大森の町が，はってんすると工場が建ち，お金がもうかると思いました。なぜなら，工場が増えるということは，税収も増えるからです。しかも昭和39年1964年に工場整備特別地域促進法という法律ができたのをきっかけに，大森にますますたくさんの工場が集まってきた。

　大森ののり漁師全員が大森が工場の町としてはってんしていった方が，しょう来の大森のためにはいいと思ってなっとくしたから。　（下線筆者）

B男　本時の振り返り

大田区は中村さんのねがい通りうめ立てをしてよりよくなったのか？

　僕はよりよくなったと思います。昭和30年に工場数が東京23区で4位になったのが，昭和51年には東京23区で1位になったし，人口も増えてきたからです。もうかって栄えて，どんどんはってんしていったのだと思う。

　公共しせつもうめ立て前にはほとんどなかったけど，うめ立てた後は，す

ごいいきおいでふえていったこともわかりました（大田区のホームページ
で）。味も量も日本一ののりづくりは２度とできなくなってしまったけど，
今は，大森のりのふるさと館みたいな公共しせつも建っています。

Ｂ男　「大森海苔のふるさと館」の学芸員さんへの手紙

大森海苔のふるさと館の五十嵐さんへ

五十嵐さんの話を聞いて，大森海苔のふるさと館がなぜ建てられたのか
が分かりました。それは，太田区の漁師たちがうめ立てで2000人も仕事
がなくなったけれども，ほこりに思っていたのりづくりをちょっとでも若
い人たちに知ってもらいたいと思って，大田区の住民の人たちと漁師さん
たちがお願いしてできたということです。

このことを知って，のりづくりは昔からつながっていて次のバトンにつ
なげることが大事だということを学びました。

４年生になっても，同じことを探していきたいです。短い時間でしたが，
いろいろなぎ問を答えてくれてありがとうございました。

僕が大森海苔のふるさと館がもっとよくなるために考えたことをまとめ
ました。

まず高齢化によって元漁師たちが直接のりづくりの技を伝えていけなく
なるかもしれないことについて考えました。

きちょうなのりづくりの動画をとって，若い人たちにみせてあげたり，
ネットにのせたりすればいいと思います。そうすれば，日本全国の人に大
森ののりのことを知ってもらえて，たくさんの人が見学に来てくれると思
います。それに，しえん金やきふを集められるかもしれません。全国から，
のりづくりの技を伝えていきたいと思った人たちがボランティアに来てく
れるかもしれません。

もう一つは，外国の人たちにふるさと館について理かいしてもらうため
の作戦です。

今年は，ラグビーワールドカップの大会が開かれます。来年は，オリンピック，パラリンピックも開かれます。外国の人たちがたくさん日本に来るので，世界中の人たちにふるさと館のことを知ってもらうチャンスです。

　のりづくりについての説明を，外国の人たちにも分かってもらえるように，駅にあるけいじばんみたいに，英語や中国語や韓国語に訳しておけばいいと思います。他の言語の人たちのためには，スマホの翻訳アプリ（ボイストラ）が31言語に対応できる。ホームページにもいろんな言語にのせておくと世界中のお客さんがきてくれると思います。

　ぜひさんこうにしてください。本当にありがとうございました。

（下線筆者）

　子どもたちは，問題解決的な学習を通した確かな社会認識のもと，みんなが幸せになるために「どうすればよいのか」と，自分の「生き方」を問い続けてきた。A子の振り返りやB男の振り返りと手紙には，「学習」の枠を超え，「より深く」問い続けていく「学び」の姿が見てとれるのではないだろうか。

子どもが生きる板書

　前任校で私の授業を参観していただいた先輩の先生方から，次のような指導をいただいた。

　「何だ，あの板書は！　自分が指導したい内容を羅列しているだけじゃないか！　板書には，子どもたちが学びたい，問題を追究していきたいという内容と方向性をあらわさないとダメだ！」

　もう15年以上前のことだが，つい昨日のことのように思い出される。

　子どもたちの発言をもとに「問題追究すべき内容と方向性」を板書するということは難しい。しかも限られた黒板のスペースに，子どもたちの発言の大切なことのみを書かなくてはならない。これは，私のここ何年もの課題である。どうしても子どもたち一人ひとりの考えや思い，そして，調べてきた具体的な事実を書きこみすぎてしまうのである。

　「書く必要があるものをしっかりと書くことで，板書の価値も生まれる」。全くその通りなのだが……。

　以前の私の板書は，「一発言一板書」。つまり，子どもの発言があると，すぐにその子の意見としてその子の名前とともに板書していた。その方が子どもたち一人ひとりを大切にしていると思ったからである。

　たしかに，話し合いは活気づき，子どもたちの発言も絶えなかった。しかし，授業の時間が足りなくなり，子どもたちの発言を制限したり，よい気付きや考えを引き出せなかったりすることも少なくはなかった。

　そこで，今では，資料提示をした後の「つぶやき」を拾ったり問い返したりする「間」や，学習問題について子どもたちの考えを聞いたり問い返したりする「間」をとるようにしている。そして，この「間」が一区切りしたときに板書をする。何人もの子どもの発言をある程度聞く「間」をとり，その「間」の中で「問題追究の内容と方向性」をもとに板書すべきことを吟味してから板書をするのである（「タイムラグ板書」）。

　板書すべきことを吟味する際には，必要に応じて社会科の重要語句や資料，

説明を補足しながらも，最終的に子どもたちの合意を得て板書をつくっていくことが大切である。

　「つぶやき」や「発言」（子どもたちの思いや考え）と教師が板書したい「問題追究の内容と方向性」（＝授業のねらい）を明らかにするための問い返し。この「やりとり」が，苦しくも楽しい「間」である。では，具体的にどのような「やりとり」を行えばよいのだろうか。

　板書にはルールがある。私の場合，チョークの色が黄色だと「重要語句」，赤色だと「学習問題」の囲みや「疑問」，さらに，問題に対する考えの違いによって板書する場所を分けたり，思っていることを「雲型の吹き出し」で囲んだりするなどの様々なルールがある。このような板書のルールは，子どもたちとともに決めていく。

　例えば，『チョークの色はどんなときにどの色を使うとよいだろう？』と投げかける。すると子どもたちは，「黄色は一番目立つから，覚えなきゃいけない大切な言葉にしようよ」「赤色は不安な感じがするから，ハテナやまだわからないことがいいんじゃない」というように，もっともらしい考えを出してくれる。

　このようなルールに則って，『A子の発言，何色で書いたらよいかな？』『B男の発言，黒板のどこの位置に書いたらいいだろう？』など，子どもたちに問い返していくことにより，板書は，より「子どもたちのもの」になっていく。

　すると，教師が子どもの発言を都合のいいように解釈して板書してしまったときでも，「A子はそんなことを言っていないんじゃないかな……」「私はこういうことを言いたかったの！」「B男はどちらかといったら賛成側の発言をしたんじゃない？」など，「問題追究すべき内容と方向性」への思いが先走った教師に，子どもたちが「待った！」をかけてくれるようになる。

　このような「やりとり」が，苦しくも楽しい「間」なのである。

【参考文献】

安彦忠彦（2018）「〈学びの深さ〉は教師の人間性と力量次第の「比較級」で！」,『教育研究』2018 年 3 月号

有田和正（1993）『3 年生に育てたい学習技能』明治図書出版

市川博・横浜市立山元小学校（1997）『名札マグネットを使った「討論の授業」づくり─子ども一人一人に生きぬく力を─』明治図書出版

臼井忠雄（1993）『社会科　勉強好きにする教え方─子どもが動く授業づくり─』国土社

小幡肇（2003）『やれば出来る！子どもによる授業』明治図書出版

加藤秀俊（1975）『取材学─探求の技法─』中公新書

澤井陽介（2018）「深い学びを考える」,『教育研究』2018 年 3 月号

澤井陽介・加藤寿朗（2017）『見方・考え方　[社会科編]』東洋館出版社

澤井陽介・廣嶋憲一郎編著（2018）『小学校社会科　学習指導案文例集』東洋館出版社

社会科の初志をつらぬく会（1970）『問題解決学習の展開─社会科 20 年の歩み─』明治図書出版

長谷川康男編著（2016）『社会科の通常授業＆研究・参観授業　小学 3・4 年』学事出版

藤井千春（2017）「〈この子の学び〉を生み出す教師」,『教育研究』2017 年 5 月号

柳田國男・和歌森太郎（1953）『社会科教育法』実業之日本社

由井薗健（2017）『一人ひとりが考え、全員でつくる社会科授業』東洋館出版社

【著者紹介】

由井薗　健（ゆいぞの　けん）

筑波大学附属小学校教諭

1971年神奈川県生まれ。東京学芸大学卒業。横浜市公立小学校，横浜国立大学教育人間科学部附属横浜小学校教諭を経て，現職

筑波大学非常勤講師，小学校社会科授業づくり研究会代表，初等社会科研究会常任理事，『小学社会』（教育出版），『楽しく学ぶ小学生の地図帳』（帝国書院）等教科書執筆者

近年の著書に，『小学校社会科　Before & After でよくわかる！子どもの追究力を高める教材 & 発問モデル』（共同監修，明治図書出版），『一人ひとりが考え、全員でつくる社会科授業』（東洋館出版社）他

由井薗健の「深い学び」をつくる社会科授業　3年

2019（令和元）年7月20日　初版第1刷発行

著　者：由井薗　健
発行者：錦織　圭之介
発行所：株式会社東洋館出版社
　　　　〒113-0021　東京都文京区本駒込5丁目16番7号
　　　　営業部　電話03-3823-9206　FAX03-3823-9208
　　　　編集部　電話03-3823-9207　FAX03-3823-9209
　　　　振　替　00180-7-96823
　　　　URL　http://www.toyokan.co.jp
印刷・製本：藤原印刷株式会社
デザイン：宮澤　新一（藤原印刷株式会社）

ISBN978-4-491-03714-1
Printed in Japan